Bibliografische Information der Deutschen Nationalbibliothek:
Die Deutsche Nationalbibliothek verzeichnet diese Publikation in der Deutschen Nationalbibliografie; detaillierte bibliografische Daten sind im Internet über http://dnb.dnb.de abrufbar.

Curaçao - Die niederländische Perle der Karibik
2. Auflage, Juni 2017
© 2017 Dirk Schwenecke
Herausgeber: Calmondo, Dirk Schwenecke
Autor: Dirk Schwenecke
Illustrationen & grafisches Konzept: Dirk Schwenecke
Herstellung und Verlag: BoD – Books on Demand, Norderstedt
ISBN: 9783732235605

Curaçao

Die niederländische Perle der Karibik

Bon Bini – Willkommen auf Curaçao

Die Niederländischen Antillen

Die Inseln der Niederländischen Antillen befinden sich in der südlichen Karibik, im südamerikanischen Raum. Zu Ihnen zählen Curaçao, die Nachbarinsel Bonaire sowie die 1.000 Kilometer entfernten Sint Maarten, Sint Eustatius und Saba. Zusammen mit Bonaire und Aruba bildet Curaçao die Gruppe der ABC-Inseln. Da diese Region der Karibik unterhalb des Hurrikangürtels liegt, werden sie ebenso als „Inseln unter dem Wind" bezeichnet. Die fünf Inseln der Antillen bilden als Teil des Königreiches der Niederlande autonome Territorien. Aufgrund dessen werden die Außenpolitik, das Passwesen und die Armee durch die Niederlande mit ihrem Staatsoberhaupt König Willem-Alexander geregelt. Sämtliche Einwohner von Curaçao besitzen demnach einen niederländischen Pass und alle Rechte eines Bürgers der EU. Trotz der geringen Entfernung von Curaçao zu Bonaire und Aruba unterscheiden sich die drei Inseln wesentlich voneinander. Bonaire ist die flächenmäßig zweitgrößte der ABC-Inseln, besitzt jedoch nur ein Zehntel der Einwohnerzahl von Curaçao. Aufgrund ihres nicht sonderlich hohen Touristenaufkommens wahrt sie sich ihren Ruf als naturbelassenste Insel und gilt als ein wahres Paradies für Taucher. Aruba stellt, wenngleich es sich um die kleinste der drei ABC-Inseln handelt, mit ihrem enormen touristischen Aufkommen das komplette Gegenteil dar. Mit mehr als 850.000, vorwiegend amerikanischen Reisenden, beherbergt die Insel etwa doppelt so viele Besucher wie Curaçao.

Curaçao

Curaçao liegt etwa 80 Kilometer nördlich vor der Küste Venezuelas und annähernd 7.800 Kilometer von den Niederlanden entfernt. Mit ihren etwa 70 Kilometern Länge und einer Breite von maximal 14 Kilometern umfasst sie eine Fläche von rund 444 km². Von den rund 150.000 Einwohnern leben etwa 110.000 in Willemstad, der Hauptstadt der Insel. Im so genannten Banda Ariba, dem südöstlichen Teil von Curaçao, befindet sich mit Willemstad das wirtschaftliche und touristische Zentrum der Karibikinsel. Der Stadtkern, mit den beiden historischen Stadtteilen Punda und Otrabanda, steht mit seinen weltberühmten bunten Kolonialhäusern unter dem Schutz des UNESCO- Weltkulturerbes. Als zu Beginn des 20. Jahrhunderts der Shell-Konzern eine seiner Raffinerien direkt in Willemstad in Betrieb nahm, strömte eine Vielzahl an Menschen aus aller Welt auf die Insel. All diejenigen, die an dem großen Wirtschaftsboom teilhaben wollten, brachten ihre eigene Kultur sowie ihre individuellen Lebens- und Essgewohnheiten mit.

Diesen vielen kulturellen Einflüssen ist es zu verdanken, dass Curaçao zu einer der vielseitigsten Inseln der Karibik zählt. Neben den wunderschönen Tauch- und Schnorchel-Gebieten bietet sie ihren Besuchern abwechslungsreiche Ausflugs- und Freizeitmöglichkeiten inmitten einer beeindruckenden und facettenreichen Landschaft. Eine Vielzahl der historischen Landhäuser der ehemaligen Plantagen erstrahlt heute in neuem Glanz und ist größtenteils für die Öffentlichkeit zugänglich. Jeder der Landsitze besitzt seinen ganz individuellen Charme und zieht jährlich Touristen aus der ganzen Welt an. Genutzt werden die Landhäuser vor allem als Kunstatelier, Museum, Pension, Restaurant oder als Veranstaltungsort für beispielsweise Partys oder Vorlesungen. Zu den populärsten der mehr als 50 restaurierten Herrenhäuser zählen das Landhaus Ascension, Knip, Savonet sowie das Landhaus Chobolobo.

Im Nordwesten der Insel befindet sich, abseits des touristischen Trubels von Willemstad, der eher ruhigere und naturbelassenere Teil von Curaçao, die so genannte Banda Abou.

Mit dem Christoffel Nationalpark im Norden von Curaçao und dem Shete Boka Nationalpark an der rauen Nordostküste können Sie zwei beeindruckende Naturschutzreservate erkunden.

Entlang der Westküste erstreckt sich mit den zahllosen weißen Sandstränden ein wahres Paradies für Sonnenanbeter. Das sanfte Rauschen des kristallklaren, flach abfallenden Wassers lässt Sie endgültig den Alltag daheim vergessen.

Watamula

24

Westpunt

Shete Boka Nationalpark

Christoffel
National
Park

25 Playa abou
Groot knip

26 Playa kenepa
Kleine knip

19

Christoffelberg
375m

27 Playa lagun

Lagun

23

34

Boca santa cruz

Barber **13**

12
Soto

14

28

Playa cas abou

29

San
Willibrordus

Tera
Kora

Playa porto mari

21

Playa daaibooi

Blauwbaai

30 **15**

Sehenswürdigkeiten

1 Aloe Vera Farm
2 Straußenfarm
3 Serena's Art Factory
4 Den Paradera
5 Parke Tropical Zoo
6 Beth Haim Blenheim
7 Seaquarium
8 Ocatgon Museum
9 Fort Beekenburg
10 Hato Höhlen
11 Fort Nassau
12 Butterfly Garden
13 Hofi Pastor

Landhäuser

14 Landhaus Ascension
15 Landhaus Blauw
16 Landhaus Chobolobo
17 Landhaus Brievengat
18 Landhaus Bloemhof
19 Landhaus Knip
20 Landhaus Habaai
21 Landhaus Jan Kok
22 Landhaus Rooi Catootje
23 Landhaus Savonet

Tauchplätze

24 Playa Kalki
25 Grote Knip
26 Kleine Knip
27 Playa Lagun
28 Airplane Wreck
29 Cas Abou
30 Vaersenbaai / Car Wrecks
31 Jan Thiel Beach
32 Tugboat
33 Superiour Producer
34 Mushroom Forest / Blue Room

Karibische See

Curacao intern.
Airport

Willemstad

St. Joris
Baai

Seaquarium beach

Spanish
Water

Jan Thiel

Caracasbaai

Director' s Bay

Curaçao von A-Z

Anreise

Seit November 2011 fliegt die deutsche Fluggesellschaft Air Berlin zweimal wöchentlich nonstop von Düsseldorf nach Curaçao. Alternativ bietet die niederländische Fluggesellschaft KLM Flüge aus deutschen Großstädten, mit Zwischenstopp in Amsterdam Schiphol, an. Die kostengünstigste Variante ist jedoch, Direktflüge von Amsterdam aus zu buchen. Nach etwa zehn bis zwölf Stunden Flugzeit (Abhängig vom Abflughafen), erreichen Sie den modernen Flughafen „Hato International Airport". Dieser liegt etwa elf Kilometer nördlich von Willemstad und ist gut mit dem Bus, dem Auto oder dem Taxi erreichbar. Bei einer der zahlreichen Autovermietungen können Sie sich bereits nach Ihrer Ankunft einen Leihwagen mieten. Mit einer Länge von rund 3.400 Metern und einer Breite von etwa 60 Metern gehört die Landebahn zu einer der größten und modernsten der Karibik. Beachten Sie bei Ein- und Ausreise bitte die aktuellen Zollbestimmungen.

Einkaufen

Curaçao hat sich aufgrund seiner idealen Lage zu einem bedeutenden Handelszentrum zwischen Europa, Südamerika und den USA entwickelt. Diesem wertvollen Wirtschaftsfaktor ist es zu verdanken, dass die Insel zu einem der beliebtesten Shopping-Paradiese der Karibik zählt. Die einzigartig malerische Atmosphäre in den Fußgängerzonen der historischen Innenstadt lädt zum Shoppen und Verweilen ein. Die erstklassigen Markengeschäfte entlang der prachtvollen Straßen bieten Kleidung, Parfum, Kunsthandwerk, Lederwaren und Accessoires für jeden Geschmack und Geldbeutel an. Für einen gemütlichen Einkaufsbummel in der Altstadt empfiehlt sich ein Spaziergang entlang der Breedestraat in Punda und Otrabanda.

In Otrabanda befindet sich mit dem Rif Fort eine ehemalige, aufwendig restaurierte Wehranlage mit einer Vielzahl an kleinen Geschäften. Hier finden Sie ein umfangreiches Angebot an Beautyprodukten, Accessoires, Schmuck, Kunstgegenständen und Modeartikeln. Neben den kleinen, gemütlichen Einkaufspassagen gibt es in Willemstad ebenso größere Einkaufszentren. Gerade in den letzten Jahren sind hier immer wieder neue Shoppingtempel mit Geschäften, Restaurants und teilweise eigenem Kino entstanden. Zu den größten gehören das 2015 eröffnete Sambil Curaçao, die wunderschön gelegene Renaissance Mall in Otrabanda, das Promenade Shopping-Center im Osten der Stadt und die Zuikertuin Mall in dem gleichnamigen Landhaus. Die Öffnungszeiten der kleineren Geschäfte sind üblicherweise von Montag bis Samstag von 8 bis 18 Uhr; zur Mittagszeit von 12 bis 14 Uhr schließen einige Geschäfte. Die großen Einkaufszentren haben teilweise bis 21 Uhr geöffnet. An gesetzlichen Feiertagen haben sämtliche Einkaufsmöglichkeiten und Banken geschlossen.

Bezahlen können Sie mit den handelsüblichen Gulden, mit dem US-Dollar, aber auch bargeldlos mit beispielsweise VISA-Card, MasterCard, American Express sowie weiteren gängigen Kreditkarten.

Märkte

Der Floating Market in Punda zählt zu einem der bekanntesten Wahrzeichen der Insel. Venezolanische Händler verkaufen hier täglich ihre frischen Obst- und Gemüsewaren sowie fangfrischen Fisch aus kleinen Booten heraus. Wenn Sie von der Handelskade aus den Floating Market passieren, erreichen Sie nach wenigen Metern den Plasa Rondo, den „New Market". Verkauft werden gebackene Brote, frische Lebensmittel aber auch handgemachte Souvenirs. Hinter dem großen Rondell erreichen Sie kurz darauf den Plasa Bieu, den „Old Market". Die Markthalle ist eine Art exotische Kantine mit exzellenten, frisch zubereiteten Speisen. In riesigen Töpfen werden die schmackhaften Gerichte direkt vor den Augen der Gäste zubereitet. Bei den vielen unterschiedlichen Küchen ist garantiert für jede Geschmacksrichtung etwas an.

Einreisebestimmungen

Achten Sie vor der Einreise darauf, dass Ihr Reisepass noch mindestens sechs Monate gültig sein muss und Sie über ein Rück- oder Weiterflugticket verfügen. Für Kinder bis zum vollendeten 16. Lebensjahr benötigen Sie einen gültigen Kinderausweis oder einen maschinenlesbaren Kinderreisepass. Als Staatsbürger der EU sowie der Schweiz wird kein Visum benötigt. Die maximale Aufenthaltsdauer beträgt, wie in den meisten Nicht-EU Ländern, 90 Tage.

Feiertage

Die bedeutendsten Feiertage auf Curaçao sind der Karneval, der Flaggentag sowie der Königstag, zu Gunsten des niederländischen Staatsoberhauptes König Willem-Alexander.

Fest datierte Feiertage

Neujahr:	1. Jan.
Königstag:	27. Apr.
Tag der Arbeit:	1. Mai
Flaggentag:	2. Juli
Unabhängigkeitstag:	10. Okt.

Festivals und Veranstaltungen

Karneval

Die Karibik ist bekannt für ihre multikulturellen Einflüsse und die aufgeschlossenen, fröhlichen Menschen. Der zwei Monate lang gefeierte Karneval zählt zu den bedeutendsten Events der Insel.

Zu den Highlights zählen der Kinderkarneval, die große Parade Grand Marcha am Karnevalssonntag sowie die große Abschlussveranstaltung mit der Verbrennung der etwa vier Meter hohen Puppe. Prachtvoll handgearbeitete Kostüme, geschmückte Karnevalswagen und laute Rhythmen ziehen Einheimische und Touristen gleichermaßen magisch an.

In den Abendstunden lässt auch der größte Tanzmuffel die Hüfte schwingen. Einmal vom Karnevalsfieber angesteckt, wird auf den Straßen bis in die Nacht hinein ausgelassen gefeiert.

www.CuracaoCarnival.info

Flaggentag

Am 2. Juli jeden Jahres versinkt das beschauliche Curaçao in einem Meer aus Fahnen und Flaggen. Am Dia de Bandera wird die gesamte Hauptstadt mit kleinen bis überdimensional großen Nationalflaggen geschmückt. Wenn Sie einen Mietwagen besitzen, können Sie für kleines Geld eine kleine Flagge, welche Sie problemlos an der seitlichen Fensterscheibe befestigen können, erwerben. Auf dem Brionplein in Otrabanda führen einheimische Tänzer und Künstler traditionelle Tänze in wunderschönen Kostümen auf.

Internationales Kunst Festival

Jedes Jahr im März findet das zehntägige Kunst Festival statt. Lokale und internationale Künstler finden sich auf der Insel zusammen, um auf Curaçao Ihre Kunstwerke zu zeichnen und anschließend in verschiedenen Galerien auszustellen. Zum Abschluss des Festivals wird in Punda ein großes Straßenfest gefeiert und die historische Altstadt in ein einziges Kunstwerk verwandelt.

www.pleinaircuracao.com

Das Seú-Fest - Ernteparade

Die jedes Jahr am Ostermontag stattfindende Ernteparade ist die zweitgrößte Parade auf der Insel. Wie der Name vermuten lässt, wird an diesem Tag die erfolgreiche Ernte gefeiert.

Was die Menschen auf der Insel aus diesem Tag machen ist wahrlich ein Vergnügen. Gruppen ziehen in wunderschönen Trachten durch die Straßen, es wird lokale Musik gespielt, es ist eine euphorisierende zur Schaustellung der karibischen Lebensfreude.

Gedenktag an den Sklavenaufstand

Der 17. August jeden Jahres steht ganz im Zeichen des Sklavenaufstandes unter dem heutigen Nationalhelden Tula.

Auf der Plantage des Landhauses Kenepa wird mit Kulturvorträgen und Livemusik an den Aufstand von 1795 erinnert.

Königstag

Am 27. April jeden Jahres wird überall in den Niederlanden, und somit auch auf Curaçao, der Geburtstag des Königs Willem Alexander gefeiert. Die Einheimischen veranstalten an diesem Tag große Flohmärkte in Punda. Lokale Künstler umspielen dieses tolle Ambiente durch Auftritte und Livemusik.

International Blue Marlin Tournament

Curaçao ist vor allem für Wassersportler ein wahres Paradies. Aus diesem Grund ist es kein Zufall, dass im Laufe des Jahres zahlreiche Sportevents rund um das Thema Tauchen, Segeln und Hochseeangeln stattfinden. Der „Curaçao Yacht Club" veranstaltet in jedem Frühjahr das International Blue Marlin Tournament. Das Turnier lockt Jahr für Jahr mehr als 40 Yachten und über 150 Fischer aus Südamerika, den USA und der Karibik an. Das Team, welches den größten Marlin fängt, geht als Sieger hervor und Gewinnt ein Preisgeld in Höhe von 15.000 US-Dollar.

www.curacaoyachtclub.com

Curaçao Dive Festival

Das größte und beliebteste Sportevent ist das jährlich im Sommer stattfindende Curaçao Dive Festival. Eine Woche lang dreht sich auf der Insel alles rund um die faszinierende Unterwasserwelt. Während der Feierlichkeiten bieten viele Tauchschulen attraktive Angebote mit Tauchkursen für Anfänger als auch für Fortgeschrittene und Tauchprofis an. Der Tag findet am Abend mit zahlreichen Vorträgen von Profitauchern, Livemusik, Filmvorführungen sowie Preisverleihung seinen Ausklang.

International Film Festival Rotterdam

Anfang April hält auf Curaçao Hollywood Einzug. Während des fünftägigen internationalen Filmfestivals werden Filme und Kurzfilme nationaler und internationaler Filmemacher präsentiert.

So erhalten auch ortsansässige, unbekanntere Produzenten eine Möglichkeit, ihre Arbeit einem breiten Publikum zu präsentieren.

www.curacaoiffr.com

Curaçao Heineken Regatta

Die Heineken Regatta ist eine jährlich im Sommer stattfindende Segelregatta mit Start und Ziel in Willemstad. Die prachtvolle Handelskade, entlang der Sint Annabaai, verleiht dem prestigeträchtigen Rennen eine eindrucksvolle Kulisse.

Weitere Veranstaltungen, wie beispielsweise Angel- und Windsurfwettbewerbe, runden das dreitägige Event ab. Für ein besonderes Ambiente sorgt das umfangreiche Rahmenprogramm mit Livemusik.

North Sea Jazz Festival

Das größte Musikevent auf Curaçao ist das im September stattfindende North Sea Jazz Festival.

Seit dem Jahr 2010 treten im World Trade Center von Curaçao (Piscaderaweg-Willemstad) berühmte Persönlichkeiten der Musikbranche auf. Zu Ihnen gehörten bisher so namhafte Künstler wie Sting, Santana, Stevie Wonder und Alicia Keys.

KLM Curaçao Marathon

Ende November findet der KLM Marathon auf Curaçao statt.

Läufer aus mehr als 30 Ländern begeben sich an diesem Tag zum Lions Dive & Beach Resort, um ihre persönlichen Bestleistungen zu verbessern. Als Belohnung wartet auf die vielen Teilnehmer eine Preisverleihung und eine riesige Party.

Curaçao Baseball Week

Die bei uns noch nicht so weit verbreitete Sportart Baseball findet auf Curaçao immer mehr Anklang. Ziel der einwöchigen, im Dezember stattfindenden Veranstaltung ist es, die Sportart noch populärer zu machen und diese den Besuchern so nahe wie möglich zu bringen.

Im Fokus steht dabei besonders die Jugend. Fans können sich auf Seminare durch Trainer sowie auf Unterschriften und gemeinsame Fotos von und mit nationalen und internationalen Größen des Baseballs freuen.

www.Curacaobaseballweek.com

Gesundheit

Krankenversicherung und Impfungen

Impfungen sind für Curaçao nicht notwendig.

Da Sie sich außerhalb der EU befinden und die Krankenkasse somit nicht alle Kosten deckt, sollten Sie eine Reisekrankenversicherung abschließen.

Bei einer ärztlichen Untersuchung muss die Rechnung zunächst selbst beglichen und der entsprechende Beleg nach der Rückkehr nach Deutschland bei der Krankenkasse eingereicht werden. Übernimmt die Kasse die Aufwendungen nicht, müssen Sie die entstandenen Kosten bei Ihrem Versicherungsträger der Auslandsversicherung einreichen.

Im Regelfall bekommen Sie den Betrag problemlos erstattet.

Medizinische Versorgung

Der europäische Einfluss auf Curaçao ist in jeder Hinsicht einzigartig in der Karibik. So verfügt die Insel mit dem St. Elisabeth Hospital über das modernste Krankenhaus der Südkaribik. Eine Dekompressionskammer sorgt für eine schnelle Behandlung bei Tauchunfällen. Neben den international standardisierten Krankenhäusern befinden sich in Willemstad eine Vielzahl an Privatkliniken, Zahnarztpraxen und Allgemeinärzten.

Wenn Sie einen deutschsprachigen Arzt kontaktieren möchten, wird man Ihnen an der Rezeption Ihres Hotels oder an der Touristeninformation von Willemstad gern behilflich sein. Bei Erkältungen oder kleinen Infekten können Sie ohne Bedenken eine der zahlreichen Apotheken aufsuchen. Die meisten der sogenannten „boticas" sind täglich bis 19 Uhr geöffnet und bieten die gängigsten Medikamente an.

St. Elisabeth Hospital
Breedestraat-Otrabanda, Willemstad
Tel. +5999 4625100

Mückenschutz

Zwar übertragen die Mücken auf Curaçao keine Krankheiten, allerdings können sie sehr lästig werden. Mit Beginn der Dämmerung empfiehlt sich das Tragen von heller Kleidung und idealerweise langen Hosen.

Internet

Viele Hotels, Restaurants und Cafés bieten ihren Gästen kostenfreies WLAN an. Solche Hotspots befinden sich ebenso an vielen privat geführten Strandabschnitten sowie am Flughafen von Curaçao. Eine Besonderheit und ein Beleg für den technischen Fortschritt der Insel ist, dass Sie im historischen Stadtteil Punda mit dem „Curaçao Free Wifi" komplett kostenfrei, mit einem ausreichenden Datenvolumen, surfen können.

Kleiderordnung

Ein nicht zu vernachlässigendes Thema vieler Touristen ist die Frage nach der Kleidung in der jeweiligen Urlaubsregion. Auf Curaçao geht es eher legere zu. Obwohl viele Einheimische lieber auf lange Hosen zurückgreifen, sind Sie bei den warmen Temperaturen mit einem klassischen Sommeroutfit sehr gut und passend angezogen. Ausnahmen und einen speziellen Dresscode gibt es dann eher in hochpreisigen Restaurants sowie in Kasinos. Besonders in den Kasinos wird sehr darauf geachtet, dass die Herren lange Hosen tragen. Oft ist es erwünscht, dass eine Krawatte angelegt wird. Diese kann man problemlos bei den meisten Kasinos für den Abend ausleihen.

Klima

Durch die geografische Nähe zum südamerikanischen Kontinent liegt Curaçao außerhalb des Hurrikangürtels. Mit einer Durchschnittstemperatur von etwa 28 Grad und den sehr geringen Temperaturschwankungen innerhalb des Jahres, stellt die Insel ein ganzjährig beliebtes Reiseziel dar.

Die hohen Temperaturen lassen sich durch den stetig wehenden Passatwind äußerst angenehm ertragen. Mit einer durchschnittlichen Wassertemperatur von etwa 26 Grad laden die zahlreichen Sand-

Klimatabelle	Jan.	Feb.	März	April	Mai	Juni	Juli	Aug.	Sep.	Okt.	Nov.	Dez.
Max. Temperaturen in °C	29	29	30	31	31	32	32	32	32	32	30	29
Min. Temperaturen in °C	24	24	25	26	26	26	26	26	26	26	25	24
Wassertemperatur in °C	26	25	26	26	27	27	27	28	28	28	28	27
Regentage	9	5	3	3	2	3	5	6	6	8	10	12

strände zum Verweilen und Schwimmen ein. Die Regensaison, von Oktober bis Februar, ist vor allem durch kurze Schauer in den Nächten geprägt.

Post

Die niederländischen Antillen verfügen über ein gut strukturiertes Postsystem, für karibische Verhältnisse wohl gemerkt. Mit dem europäischen Postsystem ist das der Insel aber auf keinen Fall zu vergleichen. Planen Sie bei dem Versenden von Postkarten mindestens 10 Tage ein, ehe der Empfänger Ihre wunderschöne Karibikkarte in den Händen halten kann. In den meisten Souvenirgeschäften, im Hotel oder in den Postfilialen erhalten Sie Briefmarken für Ihre Postkarten. Das Porto beträgt derzeit 1,75 NAF.

Die größeren Postämter befinden sich in Punda, direkt in der Nähe vom Floating Market sowie in Otrabanda in der Breedestraat. Kleinere Zweigstellen, beispielsweise am Flughafen, befinden sich überall auf der Insel.

Post Office - Punda
Waaigatplein 1
Mo-Fr: 7:30-12 Uhr / 13:30-17 Uhr
Sa: 8-12 Uhr / 13:30-16:30 Uhr

Post Office - Otrobanda
Breedestraat
Mo-Fr: 7:30-8:30 Uhr
Sa: 8-11:30 Uhr

Sicherheit

Einer internationalen Untersuchung zur Folge sind die ABC-Inseln eine der sichersten Inselgruppen weltweit. Aufgrund ihrer Lage spielen Naturkatastrophen keine Rolle. Zudem ist die Kriminalitätsrate als eher gering einzuschätzen, Regierungsaufstände gibt es in geringem Maße bis gar nicht. Curaçao ist zudem die sicherste Insel der Karibik und bietet seinen Einwohnern den höchsten Lebensstandard im karibischen Raum. Viele Hotels verfügen über Zimmer mit einem eingebauten Safe.

Trotz des hohen Sicherheitsgefühls sollten Sie vor allem an gut besuchten Plätzen immer ein wachsames Auge auf Ihre Wertgegenstände haben. Achten Sie insbesondere an den Stränden auf Ihre mitgebrachten Sachen und lassen Sie diese zu keinem Zeitpunkt unbeaufsichtigt.

Sprachen

Curaçao ist das Land der vielen Sprachen. Als Teil der Niederlande ist die niederländische Sprache die Amtssprache auf der Insel. Sie wird vor allem an Institutionen wie Schulen, Ämtern sowie in der Regierung gesprochen.

Zusätzlich lernen die Kinder als Fremdsprache, aufgrund der Nähe zu Südamerika, Spanisch. Die Sprache der Einheimischen ist Papiamento, eine kreolische Sprache mit spanischen, niederländischen, französischen, englischen, portugiesischen und arawak-indianischen Einflüssen. Die hochentwickelte Sprache ist für die Identität der Insel sehr wichtig und wird in allen Bevölkerungsschichten kommuniziert. Gerade bei der stadtnahen Bevölkerung kommt man mit der englischen Sprache sehr gut voran und kann sich in nahezu jedem Geschäft, Restaurant, Museum oder Amt verständigen.

Strom

Auf Curaçao werden US-amerikanische Steckdosensysteme verwendet. Mit einem Adapter können Sie problemlos alle gängigen Geräte anschließen. Diese Zwischenstecker sind in vielen Geschäften auf Curaçao für wenig Geld erhältlich. Die Stromspannung beträgt auf der Insel üblicherweise 110 Volt.

Telefon

Die internationale Vorwahl ist die +5999; andere Vorwahlen gibt es auf der Insel keine. Die gängigen Telefonnummern, bis auf die Notruf- und Servicenummern, bestehen aus sieben Ziffern. Es ist zu empfehlen, sich eine lokale Prepaid SIM-Karte, eine so genannte „Chippie Prepaid Card", mit einer einheimischen Nummer und Gesprächsguthaben zu kaufen. Der Erwerb sowie das Aufladen der Karte erfolgt problemlos in vielen Supermärkten oder Kiosken. Besonders empfehlenswert sind die Anbieter Digicel, Scarlet und UTS.

Transportmittel

Mietwagen

Um die gesamte Vielfalt von Curaçao auf eigene Faust und in aller Ruhe erleben zu können, ist ein Mietwagen eine absolute Empfehlung. Das Mindestalter für das Mieten eines Fahrzeugs liegt in der Regel bei 21 Jahren. Der Führerschein sollte seit mindestens zwei Jahren vorhanden sein. Idealerweise lassen Sie sich in Deutschland einen internationalen Führerschein ausstellen. Normalerweise sollte man mit dem deutschen Führerschein beim Rental Service oder bei Kontrollen keine Probleme bekommen; es ist aber auch kein Nachteil einen solchen vorzeigen zu können. Die Preise richten sich, wie üblich, nach der Fahrzeugklasse und dem Fahrzeugtyp. Grundsätzlich variieren die Mietpreise zwischen 30 und 50 US-Dollar pro Tag, abhängig von der Mietdauer. Bei der Versicherung sollten Sie darauf achten, dass die Selbstbeteiligung der Vollkaskoversicherung möglichst gering ist. Auf Curaçao ist es eher selten, ein Auto ohne Selbstbeteiligung zu bekommen. Es ist meist von Vorteil, wenn Sie den Wagen bereits von Deutschland aus buchen. Nicht nur aus finanziellen Gründen; es kann durchaus sein, dass Sie so einen besseren Versicherungsschutz erhalten werden. Am Flughafen und direkt in Willemstad befinden sich neben den großen, weltweit agierenden Autovermietungen, wie beispielsweise „Avis" oder „Hertz", viele private Anbieter. Die meisten der aus den USA importierten Mietwagen verfügen über Automatikschaltung und Klimaanlage.

Verkehrsregeln

In Curaçao herrscht, im Gegenteil zu vielen anderen Inseln der Karibik, Rechtsverkehr. An Kreuzungen und Kreisverkehren hat rechts vor links Vorfahrt. Sobald Sie sich in einem Kreisverkehr befinden, müssen Sie den Vorrang der einfahrenden Straßen beachten. An T-Kreuzungen hat der durchfahrende Verkehr immer Vorfahrt. Die Höchstgeschwindigkeit innerhalb von Ortschaften beträgt 40 Km/h, auf dem Stadtring sowie außerhalb von Ortschaften gilt eine maximale Geschwindigkeit von 60-80 Km/h. Fahren Sie bei einsetzendem Regen langsam und mit genügend Abstand zum Vorausfahrenden. Durch das Wasser und dem Sand werden die Straßen stellenweise spiegelglatt.

Tanken

Das Tanken ist besonders für Touristen sehr einfach geregelt. An den Tankstellen sind die Zapfhähne der unterschiedlichen Treibstoffarten farbig gekennzeichnet. So können Sie sich sicher sein, dass Sie auch das richtige Benzin tanken. Anders als in

Deutschland wird auf Curaçao vor dem Tanken der von Ihnen gewünschte Betrag bezahlt. Die Preise liegen derzeit bei etwas unter zwei NAF pro Liter. Informationen zu dem zu tankenden Kraftstoff erhalten Sie von der Autovermietung. Fahren Sie sich in Ruhe ein und passen Sie sich dem Fahrstil der Einheimischen an.

Unfall

Wenn es zu einem Unfall kommen sollte, dürfen die Fahrzeuge nicht aus der Unfallsituation bewegt werden. Rufen Sie Ihre Autovermietung an, diese setzt sich dann mit dem „Curaçao Road Service" und der Polizei in Verbindung. Im Falle einer Panne kontaktieren Sie bitte den Pannenservice, welcher 24 Stunden am Tag zu erreichen ist.

Curaçao Road Service
Tel. +5999 199

Öffentliche Verkehrsmittel

Die großen Busse, auch als „Konvoi" bezeichnet, fahren auf insgesamt 23 Routen rund um die Insel. Die großen Busbahnhöfe befinden sich in Punda vor dem Postamt sowie in Otrabanda vor dem Rif Fort. Die einzelnen Strecken decken den größten Teil der Insel ab. Für den öffentlichen Busverkehr ist der „Autobus bedrijf Curaçao" zuständig. Auf der Website (*www.autobusbedrijf.org*) finden Sie den aktuellen Fahrplan des „A.B.C.". Diesen erhalten Sie ebenso an der Rezeption der größeren Hotels. Sie sollten jedoch bedenken, dass die Fahrpläne nur sehr wenig mit den realen Zeiten zu tun haben. Viele Touristen bevorzugen dann doch eher das Taxi, den Mietwagen oder einen vom Hotel angebotenen Shuttle Service, um ihr Ziel zu der gewünschten Zeit zu erreichen. Neben den großen Bussen gibt es noch die kleinen, privat

betriebenen Vans. Diese kleinen Busse können per Handzeichen zum Anhalten gebracht werden und sind vor allem bei der Bevölkerung beliebt. Am Flughafen, vor den größeren Hotels sowie an den großen Bushaltestellen in Punda und Otrabanda befinden sich Taxistände. Erkundigen Sie sich vor Fahrtantritt über die Kosten und vereinbaren Sie vorher die zu dem Preis gehörige Währung.

Trinkgeld

Für den Großteil der Touristen ist das Trinkgeld ein heikles Thema. Natürlich möchte sich jeder Urlauber den Gegebenheiten in der jeweiligen Urlaubsregion bestmöglich anpassen und die Gepflogenheiten der Einheimischen respektieren. Auf Curaçao ist das Geben von Trinkgeld ein Zeichen der Dankbarkeit und der Wertschätzung gegenüber den Dienstleistern, den Einheimischen und letztlich auch der Insel. Die meisten Hotels und Restaurants fügen der Rechnung gewöhnlich zehn Prozent Service Charge hinzu. Wenn das Trinkgeld nicht in der Rechnung inkludiert ist, sind diese zehn Prozent ein guter Maßstab was Sie als Trinkgeld geben können.

Trinkwasser

In vielen Ländern wird den Touristen nahegelegt, das Leitungswasser nicht zu trinken und ausschließlich zum Zähneputzen und Waschen zu verwenden. Dank der im Jahr 1928 erbauten Destillationsfabrik Aqualectra wird das Meerwasser gründlich gefiltert und in qualitativ hochwertiges Trinkwasser gewandelt. So können auch Touristen bedenkenlos das Leitungswasser trinken.

Zahlungsmittel

Die Währung der Niederländischen Antillen ist der „Niederländische Antillen Gulden", der ANG. Auf der Insel findet man jedoch hauptsächlich den NAF, den „Nederlandse Antillen Florin". Für einen Euro erhält man etwa zwei NAF (Stand Februar 2017). Der Wechselkurs für den US-Dollar, dem Hauptzahlungsmittel neben dem Gulden, liegt bei circa 1,78 NAF. Mit den gängigen Kreditkarten können Sie fast überall auf der Insel bargeldlos zahlen. Vor allem in Willemstad sowie am Flughafen können Sie an den Geldautomaten, den sogenannten „Bankomatico", mit Ihrer Kreditkarte Geld abheben. Selbst mit einigen EC-Karten können Sie sich an den Automaten Ihr Geld auszahlen lassen. Da einige Banken die EC Karten für das Nicht EU Ausland sperren, sollten Sie sich rechtzeitig bei Ihrer Bank informieren und die Karte gegebenenfalls freischalten lassen.

Banken

Banken zum Geld tauschen finden Sie reichlich auf Curaçao. Die meisten Banken haben montags bis freitags von 8 bis 16 Uhr geöffnet. Vereinzelte Banken und Wechselstuben, wie etwa am Flughafen, haben zudem zusätzlich an den Wochenenden geöffnet.

Zeitverschiebung

Die Zeitverschiebung, im Vergleich zur Mitteleuropäischen Zeit (MEZ), beträgt während der deutschen Sommerzeit sechs Stunden. Stehen unsere Uhren auf Winterzeit, müssen Sie lediglich fünf Stunden zurückdrehen. Am besten passen Sie Ihre Uhr bereits während des Fluges nach Curaçao an. Nach Ihrer Ankunft wird der Tag entsprechend lang sein, versuchen Sie also Ihren Rhythmus bereits auf dem Flug anzupassen. Generell gewöhnt man sich nach ein bis zwei Tagen an den Zeitunterschied.

Zollbestimmungen

Dinge des täglichen Bedarfs, persönliche Gegenstände und kleine Geschenke dürfen ohne Probleme mitgebracht und eingeführt werden. Zwar gehört Curaçao zu den Niederlanden, der Besitz von Drogen, wie z.B. Marihuana, ist jedoch strafbar. Medikamente müssen angegeben und teure Wertsachen teilweise mit einer Kaufquittung belegt werden. Neben den Dingen des täglichen Bedarfs dürfen Personen über 18 Jahren 200 Zigaretten, 50 Zigarren sowie 250 Gramm Tabak zollfrei einführen. Bei größeren Mengen muss die Ware, ebenso wie Summen über 10.000 US-Dollar, angegeben und verzollt werden.

Land und Leute

Bevölkerung

Von den rund 150.000 Einwohnern Curaçaos wohnen etwa 110.000 Menschen in der Hauptstadt Willemstad. Weitere größere Ortschaften sind Soto, Barber und Tera Korá. Als zu Beginn des 20. Jahrhunderts der Shell-Konzern eine seiner Raffinerien direkt in Willemstad errichtete, strömte eine Vielzahl an Menschen auf die Insel. Jeder Einzelne wollte an dem großen Wirtschaftsboom teilhaben und brachte dabei seine eigene Kultur sowie seine eigenen Lebens- und Essgewohnheiten mit.

Menschen von mehr als 50 Nationen spiegeln heute das Bild der hohen kulturellen und ethnischen Vielfalt der Karibikinsel wieder.

Auf Curaçao leben noch heute größtenteils Nachkommen der ehemaligen afrikanischen Sklaven sowie der sephardischen Juden, die im 17. Jahrhundert von der Inquisition aus Spanien und Portugal geflohen sind.

Wirtschaft

Neben dem Tourismus zählen die Erdölraffinerie, der Finanzsektor sowie die Trinkwasser-Aufbereitungsanlage zu den bedeutendsten Wirtschaftszweigen der Insel. Curaçao als Teil des Niederländischen Königreiches ist vor allem bei den Niederländern ein willkommenes Reiseziel, ähnlich wie es beispielsweise die Cayman Inseln für die Briten oder Guadeloupe für die Franzosen sind. Mit etwa 34 Prozent des gesamten Touristenaufkommens bilden sie, vor Venezuela und den USA, den größten Anteil.

Nach den Niederlanden ist Deutschland das Land mit den meisten aus Europa anreisenden Touristen. In den letzten Jahren ist die Zahl, aufgrund der zunehmenden Bekanntheit Curaçaos, stets gewachsen; mittlerweile zieht es jährlich mehr als 20.000 Deutsche auf die beliebte Karibikinsel. Mit der Steigerung des Bekanntheitsgrades gewinnt ebenso der Kreuzfahrttourismus immer mehr an Bedeutung. In der Hauptsaison, in den Monaten von November bis April, legen täglich bis zu vier Kreuzfahrtschiffe an den Anlegestellen in Willemstad an.

Curaçao -
Ein Likör erobert die Welt

Das Landhaus Chobolobo ist das Zuhause des berühmten Curaçao-Likörs. Nur hier wird das Original aus der getrockneten Schale der Lahara-Frucht hergestellt. Nach der Entdeckung der Insel spielte die landwirtschaftliche Entwicklung eine wichtige Rolle. Eine der bedeutendsten Pflanzen wurde die so genannte „Valencia-Orange". Das einzigartige Klima und der besondere Boden verliehen der saftigen Frucht eine leicht bittere Note.

Es dauerte jedoch einige Jahrzehnte bis man die duftenden ätherischen Öle, welche man aus den getrockneten Schalen gewinnen konnte, entdeckte. Schließlich widmete sich die Familie Senior den Ölen und experimentierte so lange mit unterschiedlichen exotischen Gewürzen, bis sie mit dem Ergebnis der entstandenen Spirituose zufrieden war. Den fertigen Likör nannten sie Curaçao Liqueur. Mit großem Enthusiasmus und hohen Investitionen wurde im Jahr 1896 das Unternehmen „Senior & Co" gegründet. Ein speziell hergestellter Kessel wird noch heute genutzt, um den Nektar aus der Lahara-Frucht zu gewinnen. Im Laufe der Jahre wurden auch gefärbte Varianten des ursprünglich klaren Likörs hergestellt. Die wohl, vor allem in Europa, bekannteste Variation ist ohne Zweifel der „Blue Curaçao".

Er ermöglichte erstmals die Blau- und Grünfärbung eines Cocktails. Die Destillerie befindet sich noch heute in dem im frühen 19. Jahrhundert erbauten Landhaus Chobolobo. Ein Besuch lohnt sich in vielerlei Hinsicht. Neben der interessanten Architektur und der Geschichte des Landhauses, können Sie viel Wissenswertes über die Herstellung und Entwicklung des Likörs erfahren. Nutzen Sie anschließend die Gelegenheit an einer Verkostung teilzunehmen.

Pflanzenwelt auf Curaçao

Die Vegetation auf Curaçao hat sich längst den trockenen und windigen Klimaverhältnissen angepasst. Zu den mehr als 450 Pflanzenarten gehört vor allem die Gruppe der Kakteengewächse. Mit ihren kleinen Blättern, den Dornen, haben sie sich dem Klima bestens angepasst. Zu den größten Kakteen der Insel gehören der Kadushi und der Yatu. Mit einer Höhe von bis zu neun Metern überragen sie stellenweise ihre Umgebung und wirken wie Türme in der sonst so flachen Landschaft. Durch ihr enormes Gewicht knicken die majestätisch anmutenden Gewächse teilweise komplett ab und hinterlassen faszinierende Gebilde mit erstaunlichen Formen.

Auf einigen Plantagen wird Aloe Vera als Grundessenz für die Herstellung von Kosmetikartikeln und Lebensmitteln kultiviert. Die bekannteste und größte Plantage ist die im Jahr 2003 in Betrieb genommene Aloe Vera Farm am Stadtrand

von Willemstad.

Zu den wohl charakteristischsten Bäumen auf Curaçao zählt der Divi-Divi-Baum. Die stetig wehenden Passatwinde aus östlicher Richtung sind der Grund für die schräge Wuchsrichtung der Bäume. Ein weiteres Merkmal sind die länglich geschwungenen Schoten. Die Hülsen mit ihrem hohen Taningehalt von etwa 60% wurden in der Vergangenheit bevorzugt zum Gerben verwendet.

Andere bekannte Baumarten auf der Insel sind die Lignum Vitae, die Kalebassenbäume und der Manzaliña. Während der Blütezeit ist die Lignum Vitae, dessen hartes, harzhaltiges Holz vorwiegend im Schiffsbau Verwendung fand, komplett mit blauen Blüten und orangefarbenen Blättern versehen.

Der Kalebassenbaum gehört zu den Trompetengewächsen. Die Früchte des bis zu zehn Meter hohen Laubbaumes erinnern an kleine Kürbisse. Wegen ihrer dünnen und sehr robusten Schale werden sie vor allem als Trinkgefäße, so genannte Kalebassen, verwendet.

Besondere Vorsicht sollten Sie dem Manzaliña Baum entgegenbringen. Seine giftigen Beeren können die Haut schädigen und zu Verbrennungen führen. Den Baum erkennen Sie an seinem struppigen, dunklen Bast und den kleinen grünen Blättern. Pflanzenliebhaber kommen im Christoffelpark, im Norden der Insel, voll auf ihre Kosten. Entlang der verschiedenen Wanderwege können Sie viele Orchideen und Bromeliengewächse entdecken.

Die weiße Brassavola Nodosa blüht vorwiegend von Dezember bis Januar, die lila blühende Myrmecophila humboldtia von Juli bis August. Ein weiteres einzigartiges Bromeliengewächs ist der Teku. Die schmalen rinnenartigen Blätter der Pflanze bilden eine runde Struktur. Außergewöhnlich ist die leuchtend rote Farbe der Blattansätze sowie die kleinen rosafarbenen Blüten.

Tierwelt auf Curaçao

Zu den größten und imposantesten Reptilien auf Curaçao gehört ohne Zweifel der Leguan, auch Iguana genannt. Oft sonnen sie sich zum Regulieren ihrer Körpertemperatur auf Steinen und Felsen. Die exzellent getarnten Tiere können eine Körperlänge von bis zu zwei Metern erreichen. Bis zu 17 Eier vergraben die weiblichen Tiere in den Sandboden; nach drei Monaten brüten die etwa 70 Millimeter großen Tiere aus und graben sich zur Erdoberfläche hinauf. Entlang der Straßen, der Felsen aber auch an Hauswänden werden Sie zahlreiche kleine Eidechsen beim Sonnenbaden beobachten können. Die Weibchen und die Jungtiere weisen eine bräunliche Färbung auf; die männlichen Tiere haben einen blauen Kopf und einen grünlichen Körper.

Mit etwas Glück werden Sie, besonders in der bergigen Region rund um den Christoffel, Nattern, Grasschlangen und Silberschlangen entdecken können. Diese sind weder giftig noch aggressiv. Die bis zu zehn Zentimeter langen Silberschlangen leben tagsüber versteckt unter Steinen. Die Nattern können bis zu einem Meter lang werden. Erkennungszeichen der gräulich gefärbten Tiere sind drei dunkle Längsstreifen auf dem Rücken. Die Nahrungsgrundlage reicht von Mais bis hin zu Eidechsen und Fröschen. Auf der Insel gibt es nur eine Froschart, den so genannten Dori. Die roten Flecken auf den Oberschenkeln und der Hüfte sind seine Markenzeichen.

Auf Curaçao existieren ebenso einige Säugetierarten. Darunter befindet sich neben Kaninchen, Hasen und Fledermäusen, die Hirschart der Weißwedelhirsche. Im Christoffelpark sind etwa 250 dieser scheuen Hirsche sesshaft.

An einigen kleinen Strandabschnitten entlang der rauen Nord-Ostküste von Curaçao, wie etwa jene im Shete Boka Nationalpark, können Sie mit etwas Glück Schildkröten bei der Eiablage sichten. Die Vogelwelt auf Curaçao ist sehr artenreich und vielfältig. Einen besonders schönen Gesang besitzt der Trupial. Der Kopf, die Brust und große Teile seines Flügels sind schwarz gefiedert mit weißen Streifen. Der Unterleib leuchtet in orangefarbenen Tönen. Der Karaka ist ein bis zu 61 Zentimeter großer Raubvogel und gehört zu der Gruppe der Falken. Besonders charakteristisch sind die schwarze Haube auf dem Kopf sowie der weißschwarz gepunktete Brustbereich. Das helle Federkleid verläuft in ein dunkelbraunes bis schwarzes Gefieder am Bauch. Als Nahrungsquelle dienen dem Karaka kleine Säugetiere und Jungvögel. Entlang der Westküste können Sie sehr oft Flamingos entdecken. Sie halten sich vorwiegend in den flachen Gewässern der ehemaligen Saliñen auf.

Unterwasserwelt

Curaçao bietet seinen vielen Besuchern mehr als nur ein einmaliges Karibikfeeling mit traumhaften Sandstränden und einem kulturellen Mix der seinesgleichen sucht. Die niederländische Perle der Karibik gilt als eines der wichtigsten Destinationen für Taucher mit wunderschönen, abwechslungsreichen Tauchgebieten. Doch ohne die einzigartige Vielfalt an Meeresbewohnern und Korallen wäre dies alles natürlich nicht möglich. Um diese Naturvielfalt zu erhalten, spielt der Umweltschutz auf Curaçao eine große Rolle. Besonders die im Jahre 1955 gegründete

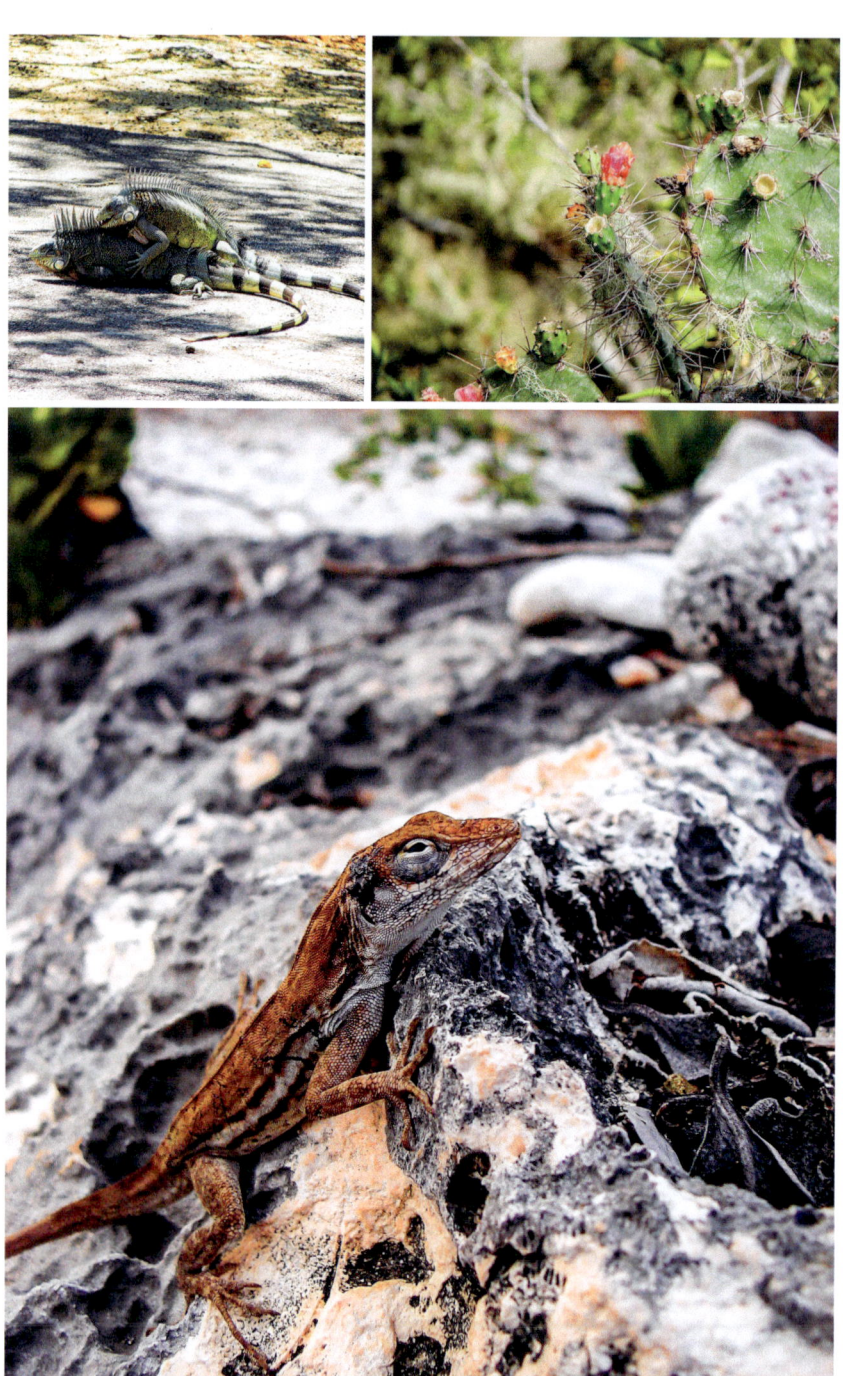

Organisation „Carmabi" setzt sich in ihren unterschiedlichen Bereichen für die Nachhaltigkeit der Natur und der Lebensräume ein. Dank des Umweltschutzes befindet sich auf Curaçao eine intakte Korallenlandschaft.

Die vielen Korallenarten, wie z.b. Fächerkorallen, Peitschenkorallen, Herzkorallen, Röhrenschwämme, Sternkorallen oder Pfeilerkorallen, bieten einen wunderschönen Mix aus Hart- und Weichkorallen. Besonders in den Seebüschen, die in unterschiedlichsten Größen und Formen vorkommen, verstecken sich eine Vielzahl an Unterwasserbewohnern.

Fische verschiedenster Arten und Größen machen die Welt unterhalb des Meeresspiegels zu einem farbenprächtigen und lebendigen Schauspiel. Zu den größten Vertretern der Unterwasserwelt gehört, neben den Barrakudas, Rochen und Zackenbarschen, der eher selten vorkommende und recht harmlose Ammenhai. Taucher und Schnorchler werden auf ihren Ausflügen vor allem auf Papageienfische, Makrelen, Kofferfische, Kugelfische, Aale, Doktorfische sowie auf unzählige weitere kleine bis mittelgroße Fischarten treffen.

Mit viel Glück lassen sich auch Meeresschildkröten in der Küstennähe beobachten.

Geologie

Betrachtet man die Insel aus der Luft, lassen sich zwei unterschiedliche geographische Bereiche ausmachen.

Im Nordwesten befindet sich mit dem 375 Meter hohen Berg Christoffel die höchste Erhebung der Insel.

Der gleichnamige Nationalpark ist das beste Beispiel für die hier vorherrschende Hügellandschaft. Verlässt man den Christoffel Nationalpark in Richtung Norden,

erreicht man die raue Nordküste, welche mit ihren spitzen, scharfkantigen Gesteinen einer Mondlandschaft gleicht. Diese urbane Naturerscheinung kann besonders gut entlang der zerklüfteten Küste des Shete Boka Nationalpark bestaunt werden. Die Kalksteinriffe dieser Region sind gleichzeitig die jüngste geologische Gesteinsformation auf Curaçao.

Insgesamt bestimmen vier verschiedenartige Gesteinsarten die Insel. Die beiden ältesten sind die Lavaformation und die Knip Gruppe. Aufgrund ihrer kissenartigen, runden Struktur werden die Lavasteine auch als Kissenlava oder Kissenbasalte bezeichnet. Etwas jünger als die Lavaformation ist hingegen die Knip Gruppe. Der Unterschied zwischen der jüngeren Knip Gruppe und der Lavaformation ist, dass das Sedimentgestein der Knip Gruppe eine deutlichere Schichtung aufweist. Der südöstliche Teil der Insel ist, im Gegensatz zum Norden, eher flach und nur durch einzelne Kalksteinformationen gezeichnet. Wenn Sie Willemstad in Richtung Norden verlassen, erreichen Sie kurz darauf die „Drei Gebrüder", eine Formation aus drei schroffen Felsen. Sie sind die Überreste eines ursprünglichen Korallenriffs.

Die vielen Strände entlang der Westküste sind stumme Zeugen von großen Gletscherbewegungen während der Eiszeit. Während dieser Zeit hat sich der Meeresspiegel um mehrere Meter gesenkt, wodurch die Kalksteinreste der Korallen heute auch oberhalb des Wasserspiegels sichtbar sind.

Geschichte

Im Jahr 1499 setzten die Europäer erstmals einen Fuß auf Curaçao. Der spanische Leutnant Alonso de Ojefa, ein Gefährte des berühmten Seefahrers Christoph Kolumbus, entdeckte die Insel auf einer Forschungsreise. Zu dieser Zeit war die Insel von den Arawak Indianern bewohnt, den ersten Indianern die aufgrund dieses Ereignisses in Kontakt mit den Europäern standen. Nach einigen Jahren des friedlichen Zusammenlebens begannen die Eroberer die Indianer zu versklaven und für Zwangsarbeit auf das Festland zu verschiffen.

Im Jahr 1621 wurde die „West Indian Company", mit dem Ziel den Handel in der Karibik zu schützen, in Amsterdam gegründet.

Durch die Company wurde 1634 die ehemals unter spanischer Herrschaft stehende Insel zum niederländischen Territorium erklärt.

Peter Stuyvesnat, Direktor der Company und Gouverneur von Curaçao, forcierte von nun an verstärkt den Sklavenhandel.

Unter seiner Regentschaft entwickelte sich Curaçao zum größten Flottenstützpunkt und größten Sklavendepot der Holländer. Während dieser Periode entfaltete sich die Insel zu einem lebhaften Handelszentrum mit der lokalen Sprache Papiamento.

Im 17. Jahrhundert wurden erstmals jüdische Familien aus Holland, aus anderen Teilen Europas aber auch aus Asien auf Curaçao sesshaft.

Von 1800 bis 1816 stand Curaçao unter der englischen Flagge, ehe die Insel durch die Beschlüsse des Wiener Kongresses zurück an die Niederlande übergeben wurde.

Mit dem Ende der Sklavenherrschaft 1863 erhielten allein auf Curaçao etwa 7.000 Sklaven ihre Freiheit zurück.

Zu Beginn des 20. Jahrhundert erfolgte, mit der Entdeckung des Erdöls vor der Küste Venezuelas, ein wirtschaftlicher Aufschwung auf Curaçao.

Daraufhin beschloss die „Caribbean Pet-roleum Company" eine Raffinerie auf der Karibikinsel zu errichten.

Noch heute befindet sich die im Jahr 1918 eröffnete Raffinerie im Schottegat, in der unmittelbaren Nähe zur historischen Altstadt.

Im Jahr 1960 wurde sie an den Shell Konzern verkauft und beschäftigte teilweise mehr als 2.500 Mitarbeiter. Der Öl-Boom sorgte dafür, dass Menschen aus allen Herrenländern auf die Insel strömten, um an dem neuen Wirtschaftswunder teilhaben zu können. Sie brachten neben ihrer Arbeitskraft ebenso kulturelle, kulinarische und sprachliche Einflüsse mit auf die Insel und machten Willemstad zu der heutigen multikulturellen Metropole.

Seit dem Jahr 1954 sind die Niederländischen Antillen mit den Inseln Aruba, Curaçao, Bonaire, Saba, Sint Eustatius und Sint Maarten autonome Regionen mit einer eigenständigen Innenpolitik. Lediglich die Außen- und Verteidigungspolitik standen von nun an unter der niederländischen Krone.

Aruba trennte sich im Jahr 1986 offiziell von den Niederländischen Antillen und wurde zu einem autonomen Landesteil innerhalb des Königreichs der Niederlande.

Nach den Wahlen im Jahr 2010 erhielt Curaçao seine Selbstständigkeit als eigenes Land innerhalb des Niederländischen Königreiches.

Musik und Tanz

Die vielen kulturellen Einflüsse aus aller Welt haben die Kultur von Curaçao bis heute geprägt. Neben der engen Verbundenheit zu den Niederlanden sind die karibischen und vor allem die afrikanischen Einflüsse unverkennbar. Letztere spiegeln sich noch heute in der Sprache, der Musik und dem Tanzstil wieder. Um ihren Unmut und die Missgunst über die Sklaverei zum Ausdruck zu bringen, begannen die Sklaven ihren Kummer mittels Musik und Tanz zu verarbeiten. Die ersten Instrumente, die von den afrikanischen Sklaven gespielt wurden, waren Ackergeräte. Im Laufe der Zeit bearbeiteten sie alte Gefäße mit Ziegenleder und stellten so die ersten Trommeln, die so genannten Tambu, her. Der traditionelle Tambu ist das Zusammenspiel von Musik und Tanz.

Von Generation zu Generation weitergereicht, zählt er noch heute zu den populärsten Tanzstilen unter den Einheimischen. Bei dem so genannten baila ban, dem Tanz der Trommeln, wird der Tanzpartner niemals berührt; die Bewegungen der Hüften und des Körpers richten sich ganz nach dem Rhythmus der Musik; die Füße bleiben dabei immer auf einer festen Position.

Die Frauen begleiten den Tanz mit einem rhythmischen Händeklatschen. Heutzutage sieht man den Tanz vor allem bei den vielen Festen und Veranstaltungen auf der Insel. Mit der Kolonialisierung haben sich immer mehr Musikrichtungen auf der Insel angesiedelt. Die französische Quadrille, der Österreichische Walzer und die Polka werden gegenwärtig, in Symbiose mit afrikanischen Klängen, gespielt und getanzt.

Kulinarische Speisen auf Curaçao

Da auf Curaçao nur wenig angebaut und kaum Landwirtschaft betrieben wird, gelangen kulinarische Einflüsse aus der ganzen Welt per Schiff und Flugzeug auf die Insel. Diese kulinarische Mischung aus Europa, Südamerika und Asien macht die heutige Küche der Insel aus. Besonders die Verbundenheit zu den Niederlanden wird beim Essen deutlich. Allerorts gibt es die in den Niederlanden so beliebte Bratwurstart Frikandel und natürlich Frietjes, die Pommes.

Eine lokale Spezialität, die unbedingt probiert werden sollte, ist der Stoba, ein beliebter Eintopf aus vielen verschiedenen Fleisch- oder Fischarten.

Generell zählen deftige Eintöpfe und Suppen zu den Highlights der Kreolen Küche und sind sehr beliebt bei den Einheimischen. Die Stoba werden meist mit der inseltypischen Art der Polenta, dem Funchi serviert.

Alternativ zu der Beilage aus Maismehl werden auch Reis, Kartoffeln oder Brot gereicht. Wer es etwas exotischer mag, sollte unbedingt die Kaktussuppe kosten. Bei der Sopa di kadushi wird die dicke Schale des Kadushi-Kaktus zerstoßen und ausgekocht.

Besonders außergewöhnliche und exotische Gerichte werden im Restaurant Janchies (Westpunt 15), im Norden der Insel, angeboten. Das bereits in der dritten Generation geführte Restaurant serviert als einziges auf der Insel Leguan.

Ein anderer sehr beliebter Snack auf Curaçao ist die Pastechi, eine in Öl ausgebackene Teigrolle. Gefüllt ist die kleine Zwischenspeise wahlweise mit Fleisch, Thunfisch oder Käse. Eines der ältesten lokalen Spezialitäten geht auf die Zeit der Sklaverei zurück und trägt den Namen Keshi Yena. Auf dem Weg von den Niederlanden nach Curaçao brachten die Seefahrer vor allem Gouda und Emmentaler mit. Beim Keshi Yena wird die Rinde der Käselaibe mit Hühnchen, Oliven oder Rindfleisch gefüllt.

Willemstad - Schmelztiegel der Kulturen

Das historische Stadtzentrum von Willemstad ist ein eindrucksvolles Beispiel für die Integrität von kulturellen Werten in einer stetig wachsenden Gemeinschaft. Die vielen farbenfrohen Kolonialhäuser mit ihrer imposanten und bedeutsamen Architektur sind Zeugen der niederländischen Kolonialisierung während des 17. Jahrhunderts. Wie eine karibische Version von Amsterdam wirkt die in den letzten Jahrzenten aufwendig sanierte und restaurierte Hafenstadt. Der Unterstützung durch die „Stichting Monumentenzorg Nederlands Antillen", der EU, den Niederlanden und der UNESCO ist es zu verdanken, dass die gesamte Altstadt von Willemstad in dem heutigen Glanz erscheint. Innerhalb von etwa 15 Jahren konnte so der Großteil der historischen Stadtteile wiederaufgebaut werden. Das Projekt „Wiederaufbau" gilt seit dem Jahr 2000 weitestgehend als abgeschlossen.

Punda

Der älteste Stadtteil von Willemstad wird nicht ohne Grund als „Amsterdam der Tropen" bezeichnet. Besonders die vielen Kolonialhäuser entlang der berühmten Handelskade, in der Breedestraat sowie in der Heerenstraat wissen mit ihrer eindrucksvollen Architektur zu faszinieren. Albert Kikkert, von 1816-1819 Gouverneur von Aruba und Curaçao, ist es zu verdanken, dass die vielen Kolonialhäuser heute in den unterschiedlichsten Farben strahlen. Da die ehemals weiße Farbe der Häuserfassaden die Sonnenstrahlen stark reflektierte und die Einwohner blendete, befahl er den Hausbewohnern, diese in beliebigen Pastelltönen zu streichen. Das Resultat ist ein weltweit seinesgleichen suchendes Stadtzentrum, welches im Jahr 1997 zu Recht als Weltkulturerbe in die UNESCO aufgenommen wurde.

Im Laufe der Jahrzehnte verlor Punda seine Funktion als Wohnviertel für holländische Händler und jüdische Kaufleute und wurde zunehmend zu dem heutigen Touristenzentrum mit Banken, zahlreichen Geschäften, Büros und Regierungsgebäuden. Genießen Sie bei einem Spaziergang durch die Altstadt den einzigartigen Charme der vielen restaurierten Bauwerke mit ihren exquisiten Geschäften sowie den einladenden Restaurants und Cafés. Zu den Wahrzeichen von Punda gehören das Penha Haus, die Queen Emma Brücke, der Floating Market sowie die Handelskade.

Vom Penha Haus aus erreichen Sie nach wenigen Minuten das berühmte Fort Amsterdam mit dem Gouverneurspalast und der Fort Church.

1	Waterfort		**11**	Floating Market
2	Fort Amsterdam		**12**	Plasa Rondo - Neuer Markt
3	Gouverneurspalast		**13**	Plasa Bieu - Alter Markt
4	Fort Church		**14**	Mikvé-Israel-Synagoge
5	Council of Ministers		**15**	Hendrikplein
6	Queen Emma Brücke		**16**	Wilhelminaplein
7	Penha Haus		**17**	Breedestraat 3-7
8	Handelskade		**18**	Breedestraat 15-17
9	Heerenstraat		**19**	Breedestraat 22
10	Postmuseum		**20**	Breedestraat 39

Willemstad Trolley Tour

Vor dem Fort Amsterdam startet die etwa 75-minütige Stadtrundfahrt mit dem zur Lokomotive umgebauten Fahrzeug. Von den offenen Anhängern aus haben Sie einen uneingeschränkten Blick auf viele bedeutsame Sehenswürdigkeiten in den historischen Stadtteilen Punda, Scharloo und Pietermaai. Vom Fort Amsterdam aus passieren Sie zunächst den Floating Market. Schon in den frühen Morgenstunden können Sie das bunte Treiben der venezuelischen Händler beim Feilschen mit den Touristen und Einheimischen bestaunen. Vom Markt aus geht die Fahrt weiter durch den historischen Stadtteil Scharloo bis hin zur Kathedrale von Pietermaai. Nach einem kurzen Aufenthalt erreichen Sie anschließend das Waterfort und beenden die Fahrt am Startpunkt, dem Fort Amsterdam.

Eine Reservierung über das Touristenbüro oder über die offizielle Website des Anbieters ist von Vorteil.

Willemstad Trolley Tour
Erwachsen: 25 US$, erm. 15 US$
Treffpunkt: Fort Amsterdam

Kontakt
www.curacao-atlantisadventures.com
Tel. +5999 4610011

Waterfort

Das Waterfort ist eines der beiden imposanten Bollwerke, welche beidseits der der Sint Annabaai die Hafeneinfahrt „bewachen". Nach vier Jahren Bauzeit wurde das Fort im Jahr 1830 fertiggestellt. Der ursprüngliche Bauplan ist, aufgrund hoher Kosten, niemals vollständig umgesetzt worden. Im Innenhof des Waterfort, direkt an der Hafeneinfahrt, befindet sich das im Jahr 1955 erbaute Plaza Hotel. Entlang der 400 Meter langen und fünf Meter hohen Schutzmauer finden Sie viele exquisite Restaurants sowie einige kleine Geschäfte.

Fort Amsterdam

Nachdem die Niederländer, unter dem Kommando von Johan van Walbeeck, die Insel Curaçao im Jahre 1634 von den Spaniern zurückeroberten, musste zum Schutz der Innenstadt eine Festung errichtet werden. Die Mündung der Sint Annabaai war aus strategischer Sicht der optimale Ort für die Errichtung einer solchen Wehranlage. Das im Jahr 1635 errichtete Fort Amsterdam ist das bedeutendste und wichtigste von insgesamt acht Forts auf Curaçao. Nach dem Bau des Waterfort in den Jahren zwischen 1826 und 1830 verlor das Fort Amsterdam jedoch seine defensive Bedeutung. In der Anlage befanden sich von nun an die Wohnungen des Direktors der West Indian Company und dessen Truppen sowie die Garnisonskirche, Lager und Wasserreservoirs. Gegenwärtig befinden sich in dem Fort der Gouverneurspalast, die Fort Church mit dem Museum und der Sitz des Ministerrats der Niederländischen Antillen.

Gouverneurspalast

Hinter dem Eingangsbereich des Fort Amsterdam befindet sich das im Jahr 1635 erbaute Haus des Direktors der „West Indian Company". Das Erdgeschoss des zweistöckigen Gebäudes wurde zunächst als Lager genutzt. Einige Zeit später ließ Johan van Walbeeck seine Residenz mit dem Erdgeschoss verbinden; hier befand sich von diesem Zeitpunkt an ein großer Speisesaal für den Gästeempfang.

Im Laufe der Jahrhunderte fanden weitere zahlreiche Umbauten statt. So wurde beispielsweise das ursprünglich aus Holz bestehende Gebäude durch widerstandsfähigeren Stein ersetzt. Der älteste Abschnitt des Anwesens besteht aus einem, der Sint Annabaai zugewandten, Pavillon. Ein zweiter, mit einer Doppeltreppe zu den Innenhöfen versehener Pavillon, wurde direkt hinter dem ersten errichtet. Mitte des 19. Jahrhunderts dienten die Kellergewölbe des Palastes als Lagerräume sowie als Gefängnis für die Feinde des Direktors.

Durch den radikalen Lebenswandel, den vor allem die Erfindung der Dampfschifffahrt mit sich brachte, wuchs die Notwendigkeit einen gewissen Komfort für die europäischen Damen und Herrschaften entstehen zu lassen. Aus diesem Grund wurden die Fassaden des Gouverneurspalastes vollständig nach europäischem Maßstab, im Stile des Neoklassizismus, restauriert. Besonders charakteristisch für diesen Baustil ist die hervorstehende Tempelfront mit den Pilastern und dem verzierten Giebeldreieck.

Ein Teil des Gebäudes wird heute weiterhin als Residenz für den Gouverneur der Niederländischen Antillen genutzt.

Fort Church

Der Bau der protestantischen Kirche begann im Jahr 1763 und dauerte bis in das Jahr 1779 an. Während der Angriffe durch die Engländer im Jahr 1804 wurde die Kirche schwer beschädigt. Als Erinnerung an dieses historische Ereignis befindet sich noch heute eine der Kanonenkugeln über dem linken Eingang der Fort Church.

Der Turm des ältesten, täglich genutzten Gotteshauses auf Curaçao war zu Beginn achteckig und erhielt erst im Jahr 1903 seine heutige runde Form. Das ursprüngliche Uhrwerk stammt aus dem Jahr 1788 und war ein Geschenk des niederländi-

schen Kapitäns Dirk van der Meer. Nach Abschluss der Restaurierungsarbeiten im Jahr 1992 befindet sich in der Sakristei der Kirche ein kleines Museum. Seit dem 1. September 2007 ist das sanierte Museum wieder für die Öffentlichkeit zugänglich. Es zeigt kulturelle Schätze sowie Artefakte aus der Historie der evangelischen Gemeinde Curaçaos.

Fort Church
Mo-Fr: 9-12 Uhr
Eintritt Kirche: 3,50 NAF
Eintritt Museum: 7 NAF, erm. 3,50 NAF

Council of Ministers-Sitz des Ministerrates

Das im Jahr 1858 errichtete Gebäude befindet sich im Innenhof des Fort Amsterdam. Seit dem Jahr 1957 beherbergt es das Büro des Ministerrates der Niederländischen Antillen.

Die symmetrischer Blockform ist charakteristisch für den neoklassischen Baustil, welcher Mitte des 19. Jahrhunderts auf der Insel in Mode kam.

Die riesigen Pilaster an den äußeren Enden der Fassade sowie auf beiden Seiten neben dem Eingang sind besonders typisch für diese Kunstepoche.

Queen Emma Bridge

Die liebevoll als „Swinging Old Lady" bezeichnete Queen Emma Brücke verbindet die beiden historischen Stadtteile Punda und Otrabanda. Die im Jahr 1888 erbaute, 171 Meter lange Brücke ist die älteste, am längsten nicht militärisch genutzte Ponton Brücke der Welt. Durch das Wachstum der Stadt sollte es mit der Zeit eine Notwendigkeit werden, eine Brücke über die Sint Annabaai zu errichten.

Aufgrund der Städtestruktur war es unmöglich einen traditionellen Übergang zu

Punda mit dem Fort Amsterdam

Queen Emma Brücke am Flaggentag

Fort Amsterdam

konstruieren ohne einige historisch Gebäude abreißen zu müssen.

Die Lösung einer schwimmenden Brücke durch Leonard Burlington Smith sollte stattdessen das Antlitz der Innenstadt erhalten. Die auf 16 Pontonschiffchen schwimmende Queen Emma Bridge war ursprünglich lediglich 20 Fuß, umgerechnet etwa sechs Meter, breit und wurde mit Hilfe von Dampfmaschinen betrieben. In den Anfangsjahren betrug die Mautgebühr für das Überqueren der Sint Annabaai zwei Cent für Fußgänger sowie 25 Cent für Pferde. Als Folge des erhöhten Schifffahrtsaufkommens erfolgte im Jahr 1938 eine Verbreiterung der Brücke. Das anhaltend steigende Verkehrsaufkommen im Hafenbereich sorgte jedoch für lange Wartezeiten.

Schließlich beschloss die Stadt den Bau der Königin Juliana Brücke. Mit einer Höhe von etwa 55 Metern ist sie noch heute die höchste Brücke der Karibik und eine der höchsten der Welt. Mit der offiziellen Eröffnung der Brücke im Jahr 1974 wurde die Queen Emma Brücke endgültig für den Fahrverkehr geschlossen. Inzwischen ist die „Swinging Old Lady" eines der berühmtesten Wahrzeichen und Touristenziele auf Curaçao.

Mit Hilfe von zwei Hochleistungsmotoren kann die Pontonbrücke von Punda aus ablegen und in Richtung Otrabanda gefahren werden, wo sie letztendlich parallel zum De Rouvilleweg andockt. Wenn die Brücke nicht passierbar ist, stehen den Besuchern zwei gebührenfreie Fähren, die so genannten Ponchi, zur Verfügung.

Penha Haus

Wenn Sie die berühmte Queen Emma Brücke von Otrabanda aus überqueren, erreichen Sie das historische Stadtviertel Punda mit seinen vielen charmanten Gassen und den für Curaçao charakteristischen Kolonialbauten.

Das älteste und wohl bekannteste Gebäude in Willemstad befindet sich direkt neben der Emma Brücke und eröffnet die berühmte Handelskade. Mit seiner faszinierenden Architektur ist das im 18. Jahrhundert errichtete Penha Haus eines der bildhaftesten Beispiele für die ehemaligen Herrenhäuser. Der Bau des berühmten Kaufmannshauses begann im Jahr 1707 und wurde bereits nach der Fertigstellung im Jahr 1733 verkauft und in zwei Abschnitte unterteilt. Den heutigen Namen verdankt das Anwesen der Familie Penha. Sie erwarb das Anwesen im Jahr 1857 und nahm anschließend zahlreiche Veränderungen vor.

Die in gelben Pastelltönen angestrichene Fassade wurde mit aufwendigen Stuckelementen, vorwiegend Blatt- und Blumenelementen, verziert.

Das wohl meist fotografierte Gebäude der Handelskade ist eines der imposantesten Beispiele für den barocken Stil des 18. Jahrhunderts auf Curaçao. Charakteristisch für diese Baukunst sind vor allem die geschwungenen, schneckenförmigen Kurven, die sogenannten Voluten, an den oberen Giebeln. Die untere Etage nutzt die Familie mittlerweile in der vierten Generation für ihre Geschäftsräume. „Penha" steht noch heute für Kosmetik, Parfums und Markenmode bekannter Labels. www.jlpenha.com

Handelskade

Die Handelskade in Punda ist mit ihren in hellen Pastelltönen angestrichenen Kolonialhäusern eines der Wahrzeichen von Curaçao und ohne Zweifel das beliebteste Fotomotiv auf der Insel. Das Gesamtkunstwerk der farbenfrohen Häuserfront

können Sie am besten von Otrabanda sowie von der Queen Emma Brücke aus bewundern. Das Gebäudeensemble erstrahlt kontrastreich über dem Wasser der Sint Annabaai. Die Hafenstraße mit den Kaufmannshäusern beginnt mit dem berühmten Penha Haus und verläuft entlang der Uferpromenade bis zum Floating Market. Zahlreiche gemütliche Cafés und Restaurants laden Sie zu kleinen Snacks und erfrischenden Getränken, mit einem wunderschönen Blick auf Otrabanda, ein. Lassen Sie die Seele baumeln und genießen Sie das Schauspiel der schwimmenden Queen Emma Brücke, wenn sie den Schiffen die Durchfahrt in den Hafen gewährt.

Heerenstraat

Heerenstraat 35

Das in roten Farbtönen angestrichene Anwesen geht zurück auf das Jahr 1750. Es ist das älteste von drei baugleichen Kaufmannshäusern in Punda. Die anderen zwei befinden sich in der Breedestraat 15-17 sowie 22. Wie bereits bei dem berühmten Penha Haus lassen sich auch hier die charakteristischen Merkmale des Curaçaoischen Barocks erkennen. Besonders imposant sind die schmuckvollen Bögen mit den Säulenelementen. Das mittig gelegene Dach wird durch einen kleinen trichterförmigen Giebel geschlossen. Dieser ist im Vergleich zu den zwei „Schwestergebäuden" weniger überschwänglich ausgeschmückt. Während der letzten Jahrhunderte fanden auch hier zahlreiche Umbauten statt. So wurden die offenen Galerien der Obergeschosse im 19. Jahrhundert geschlossen und ein Jahrhundert später die Holztüren im Erdgeschoss entfernt. Mit dem für Punda typisch verzierten, trichterförmigen Giebel und der prächti-

gen Galerie, besitzt das Gebäude zu Recht ein hohes Ansehen in der monumentalen Innenstadt.

Heerenstraat 25-31

Auf den vier Giebeln der beiden Gebäude ist das identische Baujahr in der christlichen (1706) wie auch in der jüdischen Zeitrechnung (5466) angegeben. Bemerkenswert dabei ist, dass sich trotz des gleichen Baujahres die Architektur der beiden Bauwerke erheblich voneinander unterscheidet. Die Dachgiebel des in gelben Pastellfarben angestrichenen Gebäudes mit der Hausnummer 25-27 besitzen die typischen architektonischen Merkmale des späten 17. und frühen 18. Jahrhunderts. Die trichterförmigen Giebel werden von einem Tympanon, einer reliefartigen Schmuckstelle, verziert. Die paarweise angeordneten, geschwungenen Giebel des daneben befindlichen Gebäudeteils mit der Hausnummer 29-31 sind ein bildhaftes Beispiel für den barocken Baustil des frühen 18. Jahrhunderts auf Curaçao. Die während des 20. Jahrhunderts komplett restaurierten Galerien im Obergeschoss der beiden Anwesen waren ursprünglich etwas tiefer gelegen als Sie sie heute sehen.

Postmuseum

Das Postmuseum von Curaçao befindet sich an der Ecke Keukenstraat und Kuiperstraat. Vom Floating Market aus erreichen Sie das Museum bereits nach wenigen Metern. Wie bei den meisten Kolonialbauten im historischen Stadtviertel Punda ist die Jahreszahl der Fertigstellung in dem Giebel des Hauses verewigt. Das im Jahr 1693 erbaute Anwesen zählt zu den ältesten Bauwerken in Willemstad. Der Gebäudekomplex bestand ursprünglich aus drei Behausungen, wobei zwei

Handelskade von Punda

Penha Haus in Punda

von ihnen während eines verheerenden Feuers zerstört wurden.

Die Stiftung für Denkmalschutz brachte im Jahr 1988 die notwendigen finanziellen Mittel auf, um das Hauptgebäude zu restaurieren und die anderen beiden Gebäudeteile komplett neu aufzubauen. Seit dem Jahr 1991 befindet sich das Postmuseum im Erdgeschoss, die übrigen Etagen werden derzeit als Appartements genutzt. Die Veranda im vorderen Bereich ist das auffälligste Element dieses historischen Anwesens. Es wird vermutet, dass sie erst im 18. Jahrhundert an dem ursprünglichen Giebel angebracht wurde. Die trichterförmigen Giebel werden von einem Tympanon, auf welchem das Baujahr „1693" zu erkennen ist, verziert. In dem Museum können Sie die komplette Briefmarkensammlung von Curaçao und den Niederländischen Antillen der letzten 130 Jahre besichtigen.

Postmuseum
Mo-Fr: 10-16 Uhr, Sa: 10-15 Uhr
Erwachsene: 2 US$, erm. 1 US$

Kontakt
Keukenstraat 22
Tel. +5999 4658010

Floating Market

In unmittelbarer Nähe zur Handelskade erstreckt sich auf etwa 200 Metern Länge ein Hochgenuss für die Sinne. Seit etlichen Jahrzehnten haben sich venezuelische Männer auf die Suche nach wirtschaftlichen Chancen außerhalb ihres Landes begeben. Mit ihren kleinen Holzbooten überqueren sie, mit dem Ziel des 80 Kilometer entfernten Hafens von Willemstad, die Karibische See.

Es ist eine Tradition die über viele Generationen von den Vätern an ihre Söhne weitergegeben wurde. Nach und nach hat sich eine eingeschworene Gemeinde

entlang des Kais in der Innenstadt von Willemstad gebildet. Nur so können die vielen Händler ihre Kultur und Gemeinschaft aufrechterhalten und die Sehnsucht nach ihrer Heimat etwas unterdrücken. Dank dieser venezuelischen Kaufleute, welche bis zu acht Monate am Stück die Strapazen der gefährlichen nächtlichen Überquerung der karibischen See auf sich nehmen, konnte eine dauerhafte Marktkultur bewahrt und die recht trockene Insel mit frischem Obst und Gemüse versorgt werden.

Von weitem hören Sie bereits die Markthändler wie sie ihre Produkte lautstark den vorbeilaufenden Passanten anpreisen.

Dabei lassen sich Einheimische und Touristen gleichermaßen von den exotischen Früchten und Obstsorten sowie von dem fangfrischen Fisch anlocken. Probieren Sie eine der wunderbar reifen Mangos, Bananen, Ananasse, Tomaten und Melonen zu einem fair ausgehandelten Preis.

New Market

Unweit entfernt vom Floating Market und der Post befindet sich der New Market. Einheimische Märkte vermitteln den Besuchern stets einen besonderen Eindruck der Lebensgewohnheiten, aber auch der Kultur der jeweiligen Länder und Regionen. So stellt auch der New Market in Punda einen Spiegel der Gesellschaft dar. Die Hektik auf dem Markt beginnt bereits in den frühen Morgenstunden, wenn die ersten Händler gegen sechs Uhr ihre Stände öffnen. Viele Arbeiter und Angestellte nehmen in der Markthalle kleine Snacks, Sandwiches und Kaffee zu sich, ehe sie in den Arbeitstag starten. Das unverwechselbare Gebäude ist ein Geschenk der Europäischen Gemeinschaft an Curaçao und wurde im Jahr 1975

Floating Market

Plasa Rondo - Neuer Markt

eröffnet. Im Laufe der Zeit entwickelte sich der Markt stetig weiter und immer mehr Kaufleute öffneten ihre Stände. Beliebt war der „Krioyo" bei der einheimischen Bevölkerung vor allem wegen dem frischen Fleisch. Das Vieh wurde direkt hierher transportiert, vor Ort geschlachtet und sofort verkauft. Dennoch verlor das Rondell, infolge der zahlreichen neu eröffneten Geschäfte und Supermärkte in der Nachbarschaft, mit der Zeit seinen Anreiz. Im Jahr 1997 erfolgte schließlich der Beschluss, keine Steuergelder mehr in den Erhalt zu investieren. Um das Marktgeschehen dennoch aufrechterhalten zu können wurde eine Stiftung, mit dem Plan einen privaten Betreiber zu finden, ins Leben gerufen. Dieses Vorhaben misslang und die Stiftung musste den Markt weiterhin selbst verwalten. Die Lücken, die die abgewanderten Fleischer und Obsthändler hinterlassen haben, wurden durch Kaufleute mit unterschiedlichsten Produktpaletten gefüllt. Heute können die Einheimischen und Touristen nicht nur Obst, Gemüse, Fleisch und Fisch erwerben, sondern auch Kosmetikartikel, Kleidung und Souvenirs.

Plasa Bieu

Wenige Gehminuten von dem Neuen Markt entfernt befindet sich der Marshé Bieu, besser bekannt als „Plaza Bieu". Als im Jahr 1975 der neue Markt seine Tore öffnete, verließen viele Händler die ehemalige „alte Markthalle", um in einer neuen und moderneren Umgebung ihre Waren verkaufen zu können. Einige Zeit später kam eine einfallsreiche Antillanerin auf die Idee, in der leer stehenden Halle frische, preisgünstige Gerichte für jedermann zu kochen. Bereits nach kurzer Zeit fanden sich die ersten Händler und Arbeiter zu ihren Mittags-

pausen im Plaza Bieu ein. Die im Jahr 2004 renovierte Markthalle ist mittlerweile zu einer touristischen Attraktion und für die Einheimischen Menschen zu einer festen Institution geworden.

Bereits in den frühen Morgenstunden erscheinen die ersten Köchinnen und Köche im Marshé Bieu, um mit den Vorbereitungen zu beginnen. Wenn um 12 Uhr die ersten Gäste eintreffen ist alles perfekt vorbereitet und die Wartezeiten somit sehr gering. Angeboten werden eine Vielzahl an Fleischgerichten, darunter geschmortes Hühnchen oder Ziegenfleisch mit landestypischen Soßen.

Die Hauptgerichte werden mit gebratenen Kochbananen, einer Besonderheit der Curaçaoischen Küche, angeboten.

Für den kleinen Hunger gibt es weißen Reis mit Bohnen, verschiedene karibische Suppen und Kuchen. Die Portionen sind ausreichend und den Preisen angemessen.

Sie können bei den meisten Gerichten von einem Preis von etwa zehn Gulden, umgerechnet etwa fünf Euro, ausgehen. Wenn Sie sich nicht für ein Essen entscheiden können, dann werfen Sie doch einfach einen Blick in die riesigen Kochtöpfe der verschiedenen Köche und genießen Sie den unglaublichen Duft der Ihnen aromatisch entgegen strömt. Die Qualität der Speisen hat sich bereits auf der ganzen Insel herumgesprochen. Der Marshé Bieu ist aber nicht nur ein beliebter Ort zum Speisen, sondern vielmehr ein Treffpunkt der verschiedenen Kulturen.

Mikvé Israel Synagoge

Die Synagoge wurde durch Pieter Roggenburg erbaut und im Jahre 1732, am Abend des Jüdischen „Passahs", geheiligt. Seitdem wurde sie ohne Unterbrechung genutzt und ist somit eine der ältesten Synagogen der westlichen Hemisphäre. Von außen wirkt die in Pastellfarben gestrichene Synagoge eher schlicht und unscheinbar, von innen offenbart sie ihre ganze Schönheit. Viele Touristen sind nach dem Betreten des Inneren zunächst über den einzigartigen Boden erstaunt. Sie werden sich nicht auf einem gewöhnlichen Stein- oder Marmorboden bewegen, sondern auf Sand. Gründe für den einzigartigen Belag gibt es mehrere.

Die portugiesisch-spanische Synagoge wurde nach dem Vorbild des Lagers, welches die Urväter in der Sinai-Wüste während der Wanderung von Ägypten ins Heilige Land aufgeschlagen hatten, erbaut. Ein weiterer Grund ist, dass die Vorfahren Sand in die Räume schütteten, in welchen sie ihre geheimen Gottesdienste abgehalten haben. Dieser spezielle Untergrund sorgte für besonders geräuscharme Schritte. Die Bestrafung für das Abhalten der Gottesdienste reichte von lebenslanger Haft bis hin zur Verbrennung. Näheres zu den Hintergründen und zu der Geschichte des Judentums auf Curaçao erfahren Sie in dem angrenzenden Jewish Historical Cultural Museum.

Mikvé Israel Synagoge
Mo-Fr: 9-16:30 Uhr
Eintritt Synagoge: 2 US$
Eintritt Museum: 3,5 US$

Kontakt
Hanchi Snoa 29
Tel. +5999 4611067
www.snoa.com

Hendrikplein

Seit über drei Jahrhunderten sind die Anhänger der heutigen Gemeinden Mikvé Israel sowie Emanu-Él die einzigen Juden auf Curaçao. Über 200 Jahre lang waren sie in der Gemeinde Mikvé Israel vereint.

Aufgrund von Unstimmigkeiten erfolgte ein Bruch in der Gemeinde und einige Anhänger gründeten ihre eigene Gemeinschaft, die Emanu-Él.

Nur wenige Gehminuten von der berühmten Mikvé Israel Synagoge entfernt, errichteten sie in den Jahren von 1865 und 1867 die Emanu-Él Synagoge im neoklassischen Stil. Das heute noch als „Tempel" bezeichnete Bauwerk besteht aus einem blockartigen Hauptgebäude mit Satteldach und einem angrenzenden dreigeschossigen, quadratischen Turm. Im Jahr 1989 verkaufte die jüdische Gemeinschaft das Gebäude. Sechs Jahre später wurde der Tempel an die Denkmalstiftung von Curaçao übergeben und komplett restauriert.

Besonders beeindruckend sind die verzierten weißen Simse mit den Wandpfeilern, die den Turm scheinbar in drei Abschnitte teilen. Die halbkreisförmigen Oberlichter mit den gewölbten Formelementen, den sogenannten „Augenbrauen", wurden durch die niederländische Architektur des 19. Jahrhunderts beeinflusst. Derzeit befindet sich in dem Gebäude das Büro für Strafverfolgung.

Wilhelminaplein

Wenn Sie dem Weg vom Hendrikplein in Richtung Fort Amsterdam folgen, erreichen Sie nach wenigen Gehminuten den im Jahr 2012 renovierten Wilhelminaplein mit dem im 1861 fertiggestellten Rathaus. Architektonisch beeindruckend sind besonders der hohe Säulengang vor dem Eingangsbereich und der abschließende, elegant verzierte Dachgiebel des „Stadhuis". Neben dem Kolonialrat und dem Gerichtshof sollte das Rathaus im Laufe seiner Geschichte ein Gefängnis beherbergen. Bis auf das Gefängnis blieb das Gebäude seiner geplanten Nutzung treu.

Mikvé Israel Synagoge

Tempel Emanu-Él

Breedetraat mit dem Penha Haus

So befindet sich in dem östlichen Teil des Bauwerkes das Parlament der Niederländischen Antillen und in dem Westflügel der Gerichtshof.

Mit seiner symmetrischen Fassade, dem Eingang mit den Säulenelementen und dem Tympanum in der Fassade des Dachgiebels, ist das Rathaus ein frühes Beispiel der neoklassischen Architektur der Insel. Das ursprüngliche Stadthaus wurde im 20. Jahrhundert um einen zusätzlichen Pavillon am Ende des Westflügels erweitert.

Breedestraat

Breedestraat 3-5-7

Der barocke Baustil des 18. Jahrhunderts durchzieht eindrucksvoll die Breedestraat im historischen Stadtzentrum Punda. Zunächst besaß das im Jahr 1742 errichtete Bauwerk eine einzige offene Galerie. Besonders typisch ist auch hier die neue Fassade die nachträglich vor den ursprünglichen Gebäudekern gesetzt wurde. Ende des 19. Jahrhunderts ließ man die dreieckigen Giebelelemente im Stil des Neoklassizismus an der Fassade anbringen. Diese scheinen das Anwesen optisch in drei Abschnitte zu teilen. Die ersten beiden Teilstücke erstrahlen in wunderschönem Pastelltürkis und bilden mit den vielen weißen Bogen- und Säulenelementen ein homogenes Gesamtbildnis. Die sechs Bögen im Erdgeschoss wurden in den 1960er Jahren rekonstruiert und original wiederhergestellt. Der dritte Teil des Gebäudes strahlt in einem angenehmen pastellfarbenen Rotton und unterscheidet sich in einigen Elementen von den ersten beiden Abschnitten. Die Galerie mit den Rundbögen und Säulen blieb erhalten, verwehrt seinen Besuchen jedoch, durch die im 19. Jahrhundert angebrachten Fensterläden, den Blick ins Innere.

Breedestraat 15-17

Wie bei einigen anderen Anwesen in Willemstad wurde auch hier eine neue kunstvolle Fassade über den alten, im Jahr 1754 errichteten, Gebäudeteil gesetzt. Die zuvor offenen Galerien sind seit dem 19. Jahrhundert mit Fensterläden versehen.

Seine offen wirkende Vorderfront erhielt das Gebäude im 20. Jahrhundert als man die Holztüren, die Einlass zu den Geschäften gewährten, entfernen ließ. Der ehemalige Eingangsbereich auf der linken Seite des Anwesens ist noch immer gut erkennbar. Entlang der Fassade der ersten und zweiten Etage können Sie die für den Barock typischen Bogen- und Säulenelemente erkennen. Ein weiteres Beispiel für den Barock aus dem 18. Jahrhundert sind die geschwungenen Formen im oberen zentralen Bereich der Gebäudefront. Beidseits des geschweiften Dachgiebels befinden sich zwei Geländer aus niederländischen Ziegelsteinen.

Breedestraat 22

Auf der gegenüberliegenden Seite der Breedestraat 15-17 befindet sich ein nahezu baugleiches Kolonialgebäude aus dem 18. Jahrhundert. Der Kern des Anwesens wurde bereits Ende des 17. Jahrhunderts fertiggestellt. Mitte des 18. Jahrhunderts erweiterte man den Gebäudekern um eine wunderschön verzierte Galerie. Diese Veranda wurde, wie bei einigen anderen Gebäuden in Punda, im 19. Jahrhundert wieder geschlossen und mit Fensterläden versehen.

Auch bei diesem Anwesen ließ man die großen Holztüren im Erdgeschoss entfernen, um eine offen wirkende Vorderfront zu erhalten. Die geschwungenen Bögen mit den Säulenelementen der ersten und zweiten Etage sind ebenso typisch für den barocken Stil vieler Herrenhäuser in Punda wie auch die geschweiften Giebel im zentralen Bereich der Fassade.

Breedestraat 39

Das ehemalige Gebäude der „Royalen Niederländischen Dampfschifffahrtsgesellschaft" befindet sich gegenüber dem Penha Haus und der Queen Emma Brücke. Das in den Jahren 1939 bis 1941 errichtete Gebäude hebt sich von seiner Optik stark von den bunten Kolonialbauten der Innenstadt ab. Geplant in Amsterdam, verkörpert es die niederländische Architektur während dieser Zeit. Besonders der Turm mit den ockerfarbenen Ziegelsteinen und die charakteristischen Backsteinelemente des berühmten niederländischen Architekten W.M. Dudok sind einzigartige Bestandteile des markant wirkenden Bauwerkes. Der ursprüngliche Plan den Turm mit einem Fahrstuhl auszustatten wurde nie umgesetzt. Bemerkenswert und ungewöhnlich für Curaçao ist die unverputzte Backsteinfassade des Bauwerkes. Derzeit befinden sich in dem Gebäude die Beratungsstelle der Inselregierung sowie einige Modeboutiquen im Erdgeschoss.

Otrabanda

Als zu Beginn des 18. Jahrhunderts die ersten Baugenehmigungen für Otrabanda ausgestellt wurden, legte man den Grundstein für eines der schönsten Stadtviertel der Karibik. Im Gegensatz zu dem perfekt organisierten Straßensystem von Punda, sind in Otrabanda viele kleine, verwinkelte Gassen vorzufinden. Da es zu damaliger Zeit keine Vorschriften oder einen einheitlichen Bebauungsplan für die Gestaltung des Stadtteils gab, entstand ein Viertel mit einem einzigartigen, individuellen Stil. Unzählige kleine Geschäfte, Cafés, Restaurants und Bars laden Gäste aus der ganzen Welt zum Verweilen ein. Mit dem aufwendig restaurierten Kurá Hulanda Areal befindet sich in Otrabanda eines der beeindruckendsten Beispiele der niederländischen Kolonialarchitektur. Der als Luxushotel genutzte Bezirk beherbergt mit dem Kurá Hulanda Museum eine der bedeutendsten kulturhistorischen Sammlungen der Karibik. In den letzten Jahren entwickelte sich Otrabanda immer mehr zu einem modernen Stadtteil mit zahlreichen Unterhaltungsmöglichkeiten. Vor allem auf dem Brionplein, direkt an der Queen Emma Brücke gelegen, finden sehr viele kulturelle Veranstaltungen statt. An den Nationalfeiertagen werden hier traditionelle Tänze mit wunderschönen Kostümen, vor einmaliger Kulisse, aufgeführt. Dem Waterfort von Punda gegenüberliegend, schützte einst das im Jahr 1828 errichtete Rif Fort die Hafeneinfahrt der Sint Annabaai. Die riesige Befestigungsanlage dient heute als Einkaufs- und Unterhaltungscenter mit einem traumhaften Blick auf Punda und die Karibische See. In unmittelbarer Nähe des Rif Fort befinden sich das neu errichtete Renaissance Hotel sowie der Mega Pier. Fast täglich legen hier riesige Kreuzfahrt an.

1	Rif Fort	**8**	Curaçao Museum
2	Brionplein	**9**	Kurá di Shon Ki
3	Sebalstopolstraat 26-28	**10**	Villa Bélvedère
4	La Moda de Paris	**11**	Villa Sixta
5	Kurá Sanchi Abou	**12**	Kurá Agostini
6	The Four Alley Complex	**13**	Kurá Hulanda Museum
7	Casa Blanca		

Rif Fort

Wie eine große Festungsanlage überragt das Rif Fort die Hafeneinfahrt der Sint Annabaai. Mit insgesamt 56 Kanonen, einem bombensicheren Mauerwerk, mehreren Baracken und einem Lager für Schießpulver war das im Jahr 1829 errichtete Fort möglichen Angriffen gewappnet. Während des Zweiten Weltkrieges wurde die Befestigungsanlage mit 37mm Maschinengewehren ausgerüstet, direkte Kriegshandlungen gab es im Laufe der Jahrzehnte jedoch nicht. Mit dem Beginn des 20. Jahrhunderts begann die Regierung das Fort nach und nach für andere Zwecke, wie etwa für die Unterbringung staatlicher Institutionen, zu nutzen. Seit der großen Restaurierung im Jahr 2001 befinden sich innerhalb der Festung zahlreiche Modeboutiquen, Bars, Restaurants und Geschäfte. Das einzige original erhaltene Gebäude innerhalb des Rif Fort ist ein ehemaliges Wachhaus aus dem Jahr 1840. Es beherbergt derzeit eine Radiostation.

Brionplein

Wenn Sie die Queen Emma Brücke von Punda aus in Richtung Otrabanda überqueren, erreichen Sie zunächst den Brionplein. Unter dem venezuelischen Freiheitskämpfer Simón Bolívar (1783-1830) besiegte der Offizier und spätere Admiral Pedro Luis Brion (1782-1821) zu Beginn des 19. Jahrhunderts, im Kampf um die Unabhängigkeit Venezuelas, die spanischen Belagerer vor der Küste Südamerikas. Zum Gedenken an die Heldentaten befindet sich hier eine Statue des Pedro Luis Brion. Der Brionplein ist vor allem an Nationalfeiertagen, wie dem Flaggentag am 2. Juli, einer der angesagtesten Hotspots der Hauptstadt. Von den eigens für den Anlass errichteten Tribünen aus, können die unzähligen Besucher die einheimischen, in wunderschönen Kostümen gekleideten Tänzer bei der Aufführung ihrer traditionellen Tänze bewundern.

Brionplein 1

Das in gelben Pastelltönen angestrichene Gebäude schließt die bunte Häuserfront des Brionplein ab. Der Gebäudekomplex aus dem 18. Jahrhundert besitzt den für diese Zeit typischen rechteckigen Grundkern. Wenn Sie dem Verlauf des Anwesens folgen und den Molenplein betreten, können Sie die wunderschöne, offene Galerie bestaunen. Typisch für den neoklassischen Stil sind vor allem die gestaffelten Eckpfeiler an der Fassade sowie die Fensterläden mit den halbkreisförmigen Oberlichtern im Unter- und Obergeschoss. Im Jahr 1842 wurde das Bauwerk durch niederländische Franziskaner-Nonnen zur ersten katholischen Schule für Mädchen ernannt.

Um das Einkommen zu erhöhen, richtete man ein Internat für katholische Mädchen der mittleren bis höheren Gesellschaftsschichten ein. Darüber hinaus ließ der Orden überall auf der Insel Schulen für die untere Gesellschaftsschicht sowie für Sklaven errichten. Innerhalb von nur einem Jahrhundert wurde der Bau am Brionplein stetig erweitert. Er beherbergte fortan ein Kloster, ein Internat, einen Kindergarten, eine Grundschule sowie ein College. Im Jahr 2001 verkauften die Nonnen das komplette Anwesen. Noch heute befindet sich hier das hoch angesehene Sint Martinus College.

Rif Fort

Rif Fort

Otrabanda bei Nacht

Sebalstopolstraat 26-28

Das im Jahr 1742 erbaute Anwesen vereint einige markante Merkmale des Curaçaoischen Barocks des 18. Jahrhunderts. Die zwei benachbarten, leicht geschwungenen Giebel oberhalb der Frontfassade mit den darüber befindlichen birnenförmigen Verzierungen erzielen eine besonders charakteristische Wirkung. Die hintere Fassade ist, wie bei den meisten historischen Gebäuden in Otrabanda, einfach und zweckmäßig gestaltet.

Im Verlauf des 19. Jahrhunderts teilte man die obere und untere Etage in separate Wohneinheiten auf. Während die teilweise offene Galerie im Erdgeschoss mit anmutenden Bogenelementen verziert ist, wurde die Galerie im Obergeschoss mit Fensterläden verschlossen. Heute wird das Anwesen noch immer als privates Wohnhaus genutzt.

La Moda de Paris

Das im Jahr 1890 erbaute La Moda de Paris im Conscientiesteeg verfügt über eine bescheiden gestaltete Fassade. Wie der Name des Anwesens bereits vermuten lässt, ist die ursprüngliche Nutzung der Modebranche gewidmet. Während des gesamten 20. Jahrhunderts diente es als beliebtes Stoff- und Modegeschäft.

In dem benachbarten Gebäude mit der Hausnummer 70 befand sich eine kleine Schneiderei. Die Fassade des ehemaligen Geschäftes befindet sich noch heute in ihrem ursprünglichen Zustand. Oberhalb der hölzernen Fenster und Türen, die während der Geschäftsstunden geöffnet wurden, ist der Schriftzug „La Moda de Paris" noch immer gut erkennbar. Das frühere Geschäftshaus ist das einzige original erhaltene Beispiel seiner Art in Otrabanda und steht im starken Kontrast zu den gegenwärtig genutzten Boutiquen und Läden, bei denen die ursprünglichen Fassaden im Erdgeschoss mit Glastüren und Schaufenstern versehen wurden.

Kurá Sanchi Abou

Im Zaantjessteeg 44 begegnet Ihnen erstmals der Begriff des „Kurá". Kurá ist die Bezeichnung für einen großen Hof mit einem zentral platzierten Wohngebäude. In dem von einer Mauer umgebenen Grundstück befinden sich meist mehrere Nebengebäude. Der Begriff Kurá spielt vor allem in Otrabanda eine wichtige Rolle. Viele historische Gebäude, wie das Kurá Sanchi Abou, das Kurá di Shon Ki und vor allem das berühmte Kurá Hulanda, tragen diese Bezeichnung in ihrem Namen. Das Kurá Sanchi Abou entstand bereits im 18. Jahrhundert. Neben den beiden großen zweigeschossigen Hauptgebäuden befinden sich innerhalb des Hofes mehrere Nebengebäude. Das bedeutendste Bauwerk verfügt über zwei Satteldächer und liegt im Osten des Kurá. Der Eingangsbereich mit den zwei Säulen versprüht einen monumentalen Charme. Besonders bemerkenswert sind die hölzernen Balkone entlang der ersten Etage. Erreichbar ist die Wohnung des Obergeschosses durch eine massive Steintreppe, bestehend aus gelben Ziegeln aus den Niederlanden.

Die Nebengebäude wurden als Wohnräume für die Arbeiter und Angestellten des Kurá genutzt. Noch heute befinden sich in dem Haupthaus und den Nebengebäuden Wohnungen.

The Four Alley Complex

Der im 19. Jahrhundert errichtete Four Alley Complex besteht aus fünf kleinen

Wohnhäusern. Seinen Namen verdankt das Anwesen den vier Gassen Van Dijksteeg, Zaantjessteeg, Martinsteeg und Schrijnwerkerstraat, welche den Gebäudekomplex umgeben. Ursprünglich befanden sich auf dem Grundstück ein Haupthaus im Osten sowie Sklavenhäuser und Lagerräume im Westen. Im Jahr 1984 erwarb und restaurierte die Denkmalstiftung das Anwesen und teilte es in fünf zeitgenössische Wohnhäuser. Die einzelnen Häuser sind von einer Steinmauer umschlossen. Unterbrochen ist die Mauer lediglich durch eine kleine Pforte, welche Einlass in den Innenhof des Anwesens gewährt. Jeder Gebäudekomplex besteht aus einem zweigeschossigen, zentralen Gebäude mit einer seitlich angrenzenden Galerie. Diese wurden, wie bei vielen weiteren Herrenhäusern in Willemstad, mit Hilfe von Fensterläden aus Holzlamellen verschlossen.

Casa Blanca

Der Rundgang führt Sie nun in den Roodeweg. Die im Jahr 1859 im neoklassischen Stil fertiggestellte Casa Blanca ist eines der ältesten und größten Wohnhäuser auf Curaçao. Die Villa wurde in mehreren Etappen errichtet. Das große Hauptgebäude im vorderen Bereich des Grundstücks stellt dabei den ältesten Teil des Anwesens dar. Die beiden Flügel, die den lichtdurchfluteten Innenhof umgeben, wurden nachträglich an der Rückseite des Gebäudes angebracht. Zusätzlich ließ man an der Westseite der Fassade eine moderne Treppe sowie einen Aufzug im zeitgenössischen Stil anbringen. Besonders charakteristische Elemente der Casa Blanca sind die üppig dekorierten Gesimse, die Ecksteine an den beiden Enden der Vorderfront sowie der große Balkon auf den paarweise errichteten Säulenelementen. Die Ballustrade des Balkons ist ein bildhaftes Beispiel für die Schmiedearbeiten aus dem 19. Jahrhundert. Auch hier wurden die Fenster nachträglich mit Fensterläden versehen. Im Jahr 1998 erwarb die Denkmalstiftung das Anwesen und ließ es vollständig restaurieren. Heute beherbergt die Casa Blanca das Standesamt sowie das Wahlbüro.

Curaçao Museum

Von der Casa Blanca geht es nun zu der am weitesten vom Hafen entfernten Sehenswürdigkeit dieses Rundganges. Das im Jahr 1948 eröffnete und somit älteste Museum der Insel Curaçao fasziniert schon allein durch seine ungewöhnliche Lage in einem ehemaligen Militär-Krankenhaus. Dr. Chris J.H. Engels und seinem Schwiegervater ist es zu verdanken, dass das im Jahr 1853 errichtete Krankenhaus fortan als Museum umgebaut und nutzbar gemacht wurde. Im Mittelpunkt des recht kleinen Museums steht die Geschichte der Insel während des 18. und 21. Jahrhundert. Neben Gemälden nationaler und internationaler Künstler, bringen viele historische Möbelstücke, wie z.B. eine typisch traditionelle Küche aus dem 18. und 19. Jahrhundert, den Besuchern das damalige Inselleben näher. Highlight des Museums ist das Cockpit der SNIP, der KLM Maschine, welche im Jahre 1934 als erstes Flugzeug die Flugstrecke von den Niederlanden nach Curaçao absolvierte. Weitere Höhepunkte sind das große Glockenspiel aus dem Jahr 1951 sowie der idyllische Skulpturengarten.

Curaçao Museum
Di-Fr 8:30-16:30 Uhr, Sa 10-16 Uhr
Erwachsene: 8,75 NAF / 5,50 US$, erm.
4,50 NAF / 3 US$

Kontakt

Van Leeuwenhoekstraat
Tel. +5999 4623873
www.thecuracaomuseum.com

Kurá di Shon Ki

In der Frederikstraat 114-118 befindet sich das Kurá di Shon Ki. Das Kurá geht zurück auf das 18 Jahrhundert und ist eines der größten seiner Art in Otrabanda. Benannt wurde das Anwesen nach Shon Kikkert. Als Sohn des ersten Gouverneurs von Curaçao lebte er während des 19. Jahrhunderts in dem hier befindlichen Herrenhaus. Das Gebäude hat über die Jahrzehnte seine Funktion als Wohnstätte stets beibehalten. Seit dem Jahr 1997 befindet sich das Kurá im Besitz der für die Stadtsanierung zuständigen „NV Stadherstel". Das Anwesen ist ein für Curaçao typisches Plantagenhaus, bestehend aus einem Gebäudekern und einer Galerie.

Villa Belvédère

Auf dem Leonard B. Smithplein befindet sich die nächste bedeutsame Sehenswürdigkeit von Otrabanda. Das Anwesen wurde im Jahr 1865 durch den Stellvertreter der Majestät, General De Rouville, errichtet. Aufgrund des schlechten Zustandes des Gouverneurspalastes im Fort Amsterdam, nutzte der im Jahr 1866 zum Gouverneur ernannte De Rouville die neu erbaute Villa als offizielle Residenz. Bis in das Jahr 1970 hinein sollte das Herrenhaus seine Funktion als Wohnsitz behalten. Anschließend erwarb die Denkmalstiftung von Curaçao das mittlerweile sehr vernachlässigte Gebäude und begann eine aufwendige Restaurierung. Die Villa ist eines der ersten Bauwerke im neoklassischen Stil des späten 19. Jahr-

hunderts in Willemstad. Heute erstrahlt das zweigeschossige Gebäude mit dem typisch markant wirkenden, quadratischen Erscheinungsbild in gelben Pastelltönen. Besonders auffällig sind die symmetrische Fassade mit ihren prägnanten, in weiß gehaltenen Steinelementen sowie der Balkon mit den paarweise angeordneten Säulenelementen. Oberhalb der paarweise angeordneten Fenster mit den halbkreisförmigen Oberlichtern können Sie die großen dreieckigen Giebelflächen, die so genannten „Tympanum" erkennen. Diese architektonischen Elemente werden dabei scheinbar von je drei Säulen getragen. Gekrönt wird das Anwesen durch das mächtig wirkende Gesims unterhalb des Daches. Heute wird das Belvédère als Bürogebäude genutzt.

Villa Sixta

Entlang der Hoogstraat führt Sie der Rundgang weiter in Richtung Sint Annabaai. Nach einigen Gehminuten erreichen Sie die im Jahr 1874 erbaute Villa Sixta in der Hoogstraat 21-25. Bereits mit der Errichtung des Anwesens ließ man es in zwei getrennt begehbare Stockwerke unterteilen. Während das Erdgeschoss ebenerdig zu erreichen ist, führen beidseits des Eingangsbereiches zwei aufwendig restaurierte Wendeltreppen hinauf in das Obergeschoss. Die Terrasse oberhalb der symmetrisch angeordneten Treppen wird von vier weißen Säulenelementen getragen. Die für den neoklassischen Stil des späten 19. Jahrhunderts typischen Merkmale, die Sie bereits bei der Casa Blanca und der Villa Belvédère wunderschön erkennen konnten, zeichnen ebenso die Vila Sixta aus. Der rechteckige, markant wirkende Gebäudekern, die in weißer Farbe gehaltenen, gestaffelt angeordneten Ecksteine,

Brionplein - Festveranstaltung mit traditionellen Tänzen und Kostümen

Brionplein

Mega Pier in Otrabanda

die Säulenelemente unterhalb des Balkons sowie die großen Fenster mit den halbrunden Oberlichtern, sind charakteristische Hinweise auf den architektonischen Stil dieser Zeit. Im Jahr 1999 wurde die Villa von der Denkmalstiftung erworben und vier Jahre später in ihren ursprünglich glanzvollen Zustand gebracht. Wie das Belvédère am Leonard B. Smithplein wird auch die Villa Sixta mittlerweile als Bürogebäude genutzt. Während die historischen Fensterbänke erhalten blieben, ist das Interieur komplett der neuen Funktion der Villa angepasst. Um mehr Platz zu schaffen, wurde die ehemals offene Galerie auf der Rückseite des Anwesens erweitert. Aufgrund der modernen Bauweise lässt sich der Übergang zu dem ursprünglichen Gebäudeteil sehr gut erkennen.

Kurá Agostini

Das Kurá Agostini befindet sich auf dem De Rouvilleweg, gegenüber der Fähranlegestelle von Otrabanda, direkt an der Sint Annabaai. Am 25. Januar 1737 erwarb Dorothea Brugman das Grundstück von dem ehemaligen Direktor der West Indian Company, Juan Pedro. In den darauffolgenden Jahren wurden mehrere, noch heute erhaltene, Wohnhäuser errichtet. Zu Beginn des 19. Jahrhunderts bestand das Grundstück aus zwei zweigeschossigen Wohngebäuden, zwei Wasserreservoirs, vier Lagerräumen und einigen kleineren Gebäuden. Im Jahr 1967 verkaufte der damalige Besitzer Jacques Ellis den historischen Komplex an die Stiftung für Denkmalschutz um sicherzugehen, dass das Anwesen für die Zukunft erhalten bleibt. Schließlich wurde in den 1970er Jahren mit der Restaurierung begonnen. Obwohl Curaçao außerhalb des Hurrikangürtels liegt, wurde das Anwesen durch den Hurrikan Joan und den daraus resultierenden heftigen Niederschlägen stark beschädigt. Bereits seit dem Jahr 1989 wird das in einem kontrastreichen Rotton angestrichene Haupthaus als gastronomische Einrichtung genutzt. Im Jahr 2001 verkaufte der damalige Eigentümer das Anwesen an die jetzigen Betreiber. Nach aufwendigen Renovierungsarbeiten wurde der ehemalige Name des Vorgängerunternehmens „West Indies" in das heutige „Restaurant & Café Gouverneur de Rouville" umbenannt. Besonders ansehnlich ist die wunderschöne, offene Galerie im Obergeschoss mit den vielen Bogen- und Säulenelementen.

Abraham De Rouville

Der Namensgeber des De Rouvilleweg wurde am 13. Mai 1812 in Middelharnis, in den Niederlanden, geboren. Im Jahr 1851 wurde De Rouville zum Bürgermeister von Brielle ernannt. Fünf Jahre später kam er schließlich nach Curaçao. Hier fungierte er als Rechtsexperte des Königs, ehe er im Jahr 1866 zum Gouverneur von Curaçao ernannt wurde. Während seiner Amtszeit verbesserte sich der Wohn- und Lebensstandard auf der Insel immens. Nachdem er, nach der Erfüllung seiner Amtszeit, im Jahre 1870 ehrenvoll entlassen wurde, verließ er die Insel Curaçao im darauffolgenden Jahr. Bis heute blieb De Rouville bei der Bevölkerung wegen seiner vielen Verdienste unvergessen.

Mein Tipp

Das Café und Restaurant De Gouverneur im Kurá Agostini ist eine der angesagtesten gastronomischen Einrichtungen in Willemstad.

Mit einem wunderschönen Blick auf die Handelskade von Punda, finden Sie hier alles für den kleinen und großen Appetit.

Kurá Agostini (vorn links) und die Königin Juliana Brücke

Kurá Hulanda Museum

Zu den qualitativ hochwertigen Speisen können Sie einen der vielen erstklassischen Weine bestellen. Vor allem an den Wochenenden sollten Sie sich einen Platz mit Blick auf Punda reservieren.

Gouverneur de Rouville
De Rouvilleweg 9
Tägl. geöffnet ab 10 Uhr
Tel. +5999 4625999
www.de-gouverneur.com

Kurá Hulanda Museum

Das Areal des Kurá Hulanda deckt etwa acht Prozent der Fläche von Otrabanda ab. Seit dem 18. Jahrhundert hat sich dieses kleine Viertel stetig erweitert.

Das heutige Kurá Hulanda beherbergt neben dem Kurá Hulanda Spa & Casino Otrabanda und dem Museum eine Vielzahl an kleinen Geschäften, Cafés und Restaurants.

Jakob Gelt Dekker und seinem Konzept ist es letztendlich zu verdanken, dass das gesamte Areal mit dem Hotel und dem Museum liebevoll restauriert wurde. Ein Teil des im Jahr 1999 eröffneten Museums erzählt die Geschichte der afrikanischen Sklaven, ihrer Kunst und Kultur.

Die Verschleppung der in Afrika gefangen genommenen Sklaven hat die Welt für immer verändert.

Die Geschichte beginnt mit der Gefangennahme der Afrikaner in ihrer Heimat und dem transatlantischen Transport nach Curaçao. In unmittelbarer Nähe des Museums befindet sich der Hafen von Curaçao; hier wurden die Sklaven zusammen mit anderem Schiffsgut wie Waren an den Höchstbietenden verkauft.

Das Kurá Hulanda Museum beherbergt auf etwa 1.400m² die größte Sammlung afrikanischer Kunstgegenstände in der Karibik.

Kurá Hulanda Museum
Mo-So: 9:30 - 16:30 Uhr
Erwachsene: 17,80 NAF / 10 US$, erm.
12,50 NAF / 7 US$

Kontakt
Klipstraat 9
Tel. +5999 4347765
www.kurahulanda.com

Queen Juliana Brücke

Die im Jahr 1974 eingeweihte Queen Juliana Brücke zählt mit ihrer Höhe von 55 Metern zu den höchsten Brücken der Welt. Wegen der starken Winde ist die 3.400 Tonnen schwere Brücke für Fußgänger und Fahrradfahrer gesperrt. Der Bau des imposanten, vierspurigen Bauwerkes wurde hauptsächlich zur Entlastung der Queen Emma Brücke veranlasst. Dass viele Einheimische Menschen mit gemischten Gefühlen an den Bau der Brücke zurückdenken, geht zurück auf ein folgenschweres Ereignis im Jahr 1967. Während der Bauphase stürzte die Brücke in sich zusammen und riss 16 Bauarbeiter in den Tod.

Die Ursache konnte bis heute nicht zurückverfolgt werden, es wird jedoch über eine Materialermüdung des Metalls spekuliert. Nach zweimonatiger Verzögerung wurde der Bau der Brücke fortgesetzt. Es gibt noch heute Einwohner, die der Konstruktion einen Fluch zusprechen und die Brücke meiden. Lassen Sie sich, je nach Verkehrsaufkommen, bei der Überquerung der Brücke etwas Zeit und genießen Sie das einmalige Panorama der Ihnen zu Füßen liegenden historischen Stadtteile Otrabanda und Punda. Sollte der Verkehr zum Erliegen kommen oder sehr gering sein, können Sie einen kurzen Augenblick anhalten, um schnell das ein oder andere Foto aufzunehmen.

Fort Nassau

Fort Nassau befindet sich oberhalb des Hafengeländes, auf dem etwa 69 Meter hohen Hügel „Sablica Hill". Das im Jahr 1797 erbaute Fort befindet sich auf der rechten Seite der Sint Annabaai, direkt an der Juliana Brücke. Errichtet wurde es, wie bereits das Fort Amsterdam, das Rif Fort und das Waterfort, zum Schutz des Hafens und der historischen Altstadt von Willemstad. Das für damalige Verhältnisse mit rund 60.000 Gulden extrem teure Fort, wurde mit 14 Kanonen und 8 Artilleriegeschützen ausgestattet. Heute dient das Fort Nassau als wichtiger Navigationspunkt für die Schifffahrt und beherbergt seit dem Jahr 1959 ein exquisites Gourmet-Restaurant. Bei gutem Wetter lässt sich von hier aus sogar die Küste Venezuelas erblicken.

Fort Nassau Restaurant
Mittag: Mo-Fr 12-14 Uhr
Abendessen & Bar: tägl. 18-23 Uhr

Kontakt
Fort Nassauweg
Tel. +5999 4613450
www.fortnassau.com

Scharloo

Von Punda aus führt Sie die Wilhelmina Brücke über den Waaigat in den historischen Stadtteil Scharloo. Die meisten der im italienischen Stil errichteten Anwesen gehörten einer Gruppe gut betuchter und hochgebildeter jüdischer Familien. Mit dem Beginn des 19. Jahrhunderts suchten die erfolgreichen jüdischen Kaufleute komfortablere Wohnviertel die ihrem Status gerecht werden sollten. Da in Otrabanda bereits die evangelische Gemeinde ihren festen Wohnsitz hatte, zogen sie auf eine ehemalige Plantage nördlich von Punda, dem heutigen Stadtteil Scharloo. Die im neoklassischen Stil errichteten Gebäude verfügen über eine einzigartige Detailverliebtheit. Vor allem die traditionellen italienischen Wappen über den Eingangstüren wurden im Laufe der Zeit bei vielen anderen Anwesen auf der Insel nachgeahmt.

Besonders sehenswert sind die Villa Maria, das Maritime Museum und der berühmte Scharlooweg mit seinen vielen restaurierten Herrenhäusern. Heute befinden sich in Scharloo vor allem Regierungsgebäude und Unternehmenssitze.

Villa Maria

Gleich nach dem Überqueren des Waaigat erreichen Sie die in hellgrünen Pastelltönen angestrichenen Villa Maria. Benannt wurde das im Jahr 1888 erbaute Anwesen vermutlich nach der Frau des ersten Besitzers der Villa. Bis zu den 1960er Jahren behielt es seine ursprüngliche Nutzung als Wohnhaus bei. Ende der 1990er Jahre wurde das Gebäude durch die Denkmalstiftung aufgekauft und aufwändig restauriert. Eine Besonderheit der Villa ist ihr neogriechischer Baustil, einer Stilrichtung des Neoklassizismus mit Elementen der griechischen

Architektur. Der Eingangsbereich mit den freistehenden dorischen Säulen und dem dreieckigen, mit reliefartigen Verzierungen versehen Giebel, lässt das Gebäude wie einen griechischen Tempel wirken. Die paarweise angeordneten Fenster sind mit großen Fensterläden versehen und schließen mit halbkreisförmigen Oberlichtern ab. Besonders eindrucksvoll ist die große marmorne Treppe, welche dem Gebäude, im Zusammenspiel mit den Säulenelementen, eine monumentale Wirkung verleiht.

Maritimes Museum

Das im frühen 18. Jahrhundert erbaute Anwesen ist eines der ältesten Bauwerke in Scharloo. Es besaß im Laufe seiner Geschichte eine Vielzahl an Funktionen. Diese reichten von einem gewöhnlichen Wohnhaus, einer Freimaurer-Loge, einer Schule, die eines Nachtclubs, eines Hotels bis hin zur Nutzung als Sanatorium. Während eines Feuers im Jahr 1988 wurde das Gebäude nahezu komplett zerstört. Wie viele andere historische Gebäude in Punda und Otrabanda erwarb die Denkmalstiftung von Curaçao auch dieses Anwesen und ließ es im Jahr 1996 restaurieren. Das ursprüngliche Interieur wurde für das Maritime Museum, welches im Jahr 1998 in das Gebäude einzog, durch moderne Materialien ersetzt. Die Ausstellung führt Sie durch die 500 Jahre alte maritime Geschichte der Insel Curaçao.
Authentische Seekarten, Schiffsmodelle und Navigationsgeräte sind nur ein Teil der ausgestellten Exponate. Neben der Dauerausstellung haben Sie ebenso die Möglichkeit, eine weitere Ausstellung über die Erdölraffinerie zu besuchen. Eine voll funktionsfähige Miniatur der Raffinerie macht die Besichtigung sehr anschaulich. Das Maritime Museum bietet zusätzlich eine Hafentour, eine Museumstour sowie eine geführte Tour durch die Miniaturausstellung der Erdölraffinerie an. Die angebotenen Touren finden jeden Mi und Sa ab 13 Uhr statt und kosten zwischen 10,90 und 16,50 NAF. Es sind auch Kombitickets erhältlich. Mehr Informationen finden Sie auf der Website des Museums.

Maritimes Museum
Di-Sa: 9-16 Uhr; von April bis Oktober täglich geöffnet
Erwachsene: 10,90 NAF, erm. 5,50 NAF, Kinder unter 6 Jahre frei
Kontakt:
Van den Brandhofstraat 1
Tel. +5999 4652327
www.curacaomaritime.com

Werfstraat 6

Das in blauen Farbtönen gestrichene Kaufmannshaus befindet sich in unmittelbarer Nähe zum Maritimen Museum. Erbaut wurde das Gebäude im barocken Stil des 18. Jahrhunderts. Besondere Merkmale sind die geschwungenen Elemente des Dachgiebels sowie die Bogenelemente im Erdgeschoss.
Erstmals wurde das Anwesen im Jahr 1866 restauriert und im Zuge dessen ein zusätzlicher Flügel errichtet, welcher das Erscheinungsbild des Gebäudes bis heute prägt.
Im 20. Jahrhundert fungierten die Räumlichkeiten zunächst als Privatschule und später als Pension. Im Jahr 1999 wurde der gesamte Komplex an die Stadtsanierung von Willemstad verkauft und vollständig restauriert.
Heute wird das Kaufmannshaus als Bürogebäude genutzt.

Scharlooweg

Entlang des berühmten Scharlooweg reiht sich ein wunderschön dekoriertes und restauriertes Anwesen an das nächste.

Die in herrlichen Pastelltönen angestrichenen Herrenhäuser beherbergen neben Pensionen, Hotels und Restaurants mittlerweile vor allem Unternehmen aus dem Finanz- und Dienstleistungssektor.

Würde man all die imposanten und einzigartigen Bauwerke des Scharlooweg schriftlich darlegen, könnte man hierfür ein eigenes Buch veröffentlichen. Die folgenden Beispiele sind demnach nur ein Bruchteil von dem, was Sie bei einem gemütlichen Spaziergang entlang des Scharlooweg alles entdecken können.

Scharlooweg 55 - Beau Séjour

Das im Jahr 1875 erbaute Anwesen mit dem Namen Beau Séjour ist ein Beispiel stellvertretend für die vielen luxuriösen Villen in dem historischen Stadtteil Scharloo. Das Gebäude mit der monumentalen Fassade ist ein wunderschönes Beispiel für den neoklassischen Stil des 19. Jahrhunderts. Besonders beeindruckend ist der große Giebel mit dem wunderschönen Tympanum, welcher von vier paarweise angeordneten Säulenelementen gestützt wird.

Von dem schön angelegten Hof führt eine fächerförmige Treppe hinauf auf die Terrasse und dem Eingangsbereich.

Im ersten Teil des 20. Jahrhunderts bewohnte der niederländische Nationalheld George Madura das Anwesen. Der im Konzentrationslager in Dachau verstorbene George Madura ist der Namensgeber des Miniaturparks Madurodam in Den Haag.

Im Jahr 1992 kaufte die „Stadherstel" die Villa und restaurierte sie in den darauffolgenden zwei Jahren. Während der Restaurierungsarbeiten wurde der Innenhof mit einem Dach versehen. Heute wird das Gebäude als Bürogebäude vermietet.

Scharlooweg 72-76 - La Maria

Die dreistöckige Villa La Maria wurde im Jahr 1740 erbaut.

Die beiden zweigeschossigen Flügel beidseits des Hauptgebäudes umschließen einen zum Teil überdachten Innenhof. Eine Besonderheit der Villa ist der hervorstehende, pyramidenförmige Turm mit seinem Dach. Oberhalb der großen umlaufenden Galerie im ersten Obergeschoss befindet sich eine große Dachterrasse mit einer schönen Balustrade. Den großen Balkon an der Frontfassade können Sie über eine der beiden seitlichen Treppen erreichen.

Scharlooweg 77
Wedding Cake House

Das im Jahr 1918 erbaute einstöckige Gebäude wird wegen seiner Form auch als das Wedding Cake Building, auf Deutsch Hochzeitstortenhaus, bezeichnet und beherbergt heute einen Teil des Nationalarchivs.

Eine fächerförmige Treppe führt Sie auf die etwas höher gelegene Terrasse mit dem Eingangsbereich. Die vordere offene Galerie beindruckt mit insgesamt sieben Bögen sowie jeweils drei Säulenelementen an den beiden Seiten. Komplettiert wird die typische U-Form des Anwesens durch die beiden Flügel an der Rückseite des Hauptgebäudes. Auch hier wurden für die Dachgestaltung niederländische Dachziegel verwendet. Im Zuge der Restaurierungsarbeiten im Jahr 1986 wurden einige Umbauten vorgenommen. Der Innenhof wurde komplett erneuert und überdacht, die Mosaikfliesen der Terrasse und Treppen wurden durch moderne Fliesen ersetzt. Besonders imposant sind die vielen Verzierungen und Stuckelemente entlang der Fassade sowie im Inneren der Villa.

Derzeit verwaltet hier das Nationalarchiv historische Dokumente der Niederländischen Antillen. Die Sammlung umfasst Kopien von Mikrofilmen, Zeitungen, über 400.000 Fotos sowie historische Karten und Zeichnungen.

Pietermaai

Der Stadtteil Pietermaai ist das beste Beispiel für den positiven Wandel, den Willemstad in den letzten 10 bis 15 Jahren erleben durfte. Damals noch ein verruchter Stadtteil mit hoher Kriminalität, Drogenhandel und heruntergekommen Gebäuden, präsentiert sich der Stadtteil heute in einem komplett anderen Bild. Die vielen restaurierten, farbenfrohen Häuser beherbergen heute unter anderem Szenebars, Restaurants, Cafés, kleine Boutiquen, Unterkünfte und sogar die ein oder andere Beachbar. Besonders die in Pietermaai veranstalteten Events, wie Konzerte oder Festivals, machen diesen Stadtteil zu einem beliebten Treffpunkt für Studenten und Kulturliebhaber.

Kathedrale von Curaçao

Vom Fort Amsterdam und dem Waterfort aus erreichen Sie nach einem gemütlichen Spaziergang den Julianaplein mit der im Jahr 1882 errichteten römisch-katholischen Kathedrale „Queen of the Most Holy Rosary Cathedral" und dem dazugehörigen Gemeindehaus. Die vor wenigen Jahren restaurierte Kathedrale in Pietermaai wurde ursprünglich von den aus den Niederlanden angesiedelten Missionaren genutzt, um afrikanische Sklaven zu konvertieren. Die meist protestantischen Landhausbesitzer und Regierungsbeamte auf Curaçao erteilten den Sklaven ein striktes Verbot, die Kirche mit ihnen zu teilen oder Gesundheits- und Bildungseinrichtungen aufzusuchen. In der Kathedrale bot sich ihnen die Möglichkeit, ihren Glauben ausleben zu können und sich unterrichten zu lassen. Viele der älteren Einwohner Curaçaos wurden in jüngeren Jahren noch von Nonnen oder Mönchen gelehrt. Der große Gebäudekomplex besteht aus einem langen Hauptschiff ohne Querschiffe. Oberhalb des Eingangsbereiches des gotischen Kirchenbaus befinden sich zwei große Türme mit pyramidenförmigen Dächern.

Kulinarischer Genuss in Pietermaai

Pietermaai präsentiert sich vor allem kulinarisch von seiner besten Seite. Dabei ist für Jedermann die passende Location dabei.

Der Tag beginnt bizarr, im **Mundo Bizarro**, dem Szenerestaurant in Willemstad. Wenn um acht Uhr morgens die Türen öffnen, betritt man eine kubanisch angehauchte, cool eingerichtete Location.

Natürlich lohnt sich hier auch ein Besuch am Abend. Täglich gibt es hier von 17:30 bis 18:30 Uhr eine Happy Hour, jeden Samstag lädt das Restaurant ab 21:30 Uhr zu Live Musik und leckeren Cocktails ein.

Für alle die sich einmal wie an der Côte d'Azur fühlen möchten, ist der **Saint Tropez Ocean Club** das nächste Highlight in Pietermaai. Tagsüber lädt der hippe Club mit einem Pool und den darum liegenden Lounges und Liegestühle zum Sonnenbaden ein. Von dem Infinity-Pool aus, verschmilzt das Wasser mit der Karibischen See. Dies und das tolle Ambiente trösten über den fehlenden Zugang zum Meer problemlos hinweg. Die Benutzung des Pools, inklusive der Liegemöglichkeiten, ist mit 15 NAF dem Ambiente angemessen; die nicht ganz so günstigen Preise der qualitativ hochwerten Speisen und Cocktails sollten aber mit in die Planung eingebunden werden. Jeden Montag-, Mittwoch-, Freitag- und Samstagabend finden in der Location wöchentlich wiederkehrende Events mit Happy Hours und Live Musik statt.

Wer es hingegen klassisch und eher lässig mag, kommt im **Miles Jazz Café**, benannt nach der Jazz Legende Miles Davis, voll auf seine Kosten. Das beliebte Jazz Café bietet seinen Gästen genau das, was sie sich bei dem Namen erhoffen. Jazz pur in originalem Ambiente, Livekonzerte und dazu leckere Drinks und Cocktails; kein Wunder, dass die Bar am Wochenende mehr als voll werden kann. Fans der französischen Küche sollten dem **Déjà Vu!** einen Besuch abstatten und den Abend bei erstklassischen Speisen und einem Gläschen Wein ausklingen lassen. Hier begegnen sich die Vergangenheit des historischen Stadtteils von Pietermaai mit den modernen Aromen, abgerundet von einem tollen Ausblick auf die karibische See.

Mundo Bizarro
Mo-Do u. So: 8-1 Uhr, Fr u. Sa: 8-2 Uhr
Nieuwstraat 12 Pietermaai
Tel. +5999 4616767
www.mundobizarrocuracao.com

Saint Tropez Ocean Club
Mo-Do u. So: 8-24 Uhr, Fr u. Sa: 8-1 Uhr
Pietermaai 152 – Curaçao
Tel. +5999 4617727
www.sainttropezcuracao.com

Miles Jazz Café
Mo-Do u. So: 16-2 Uhr, Fr u. Sa: 16-3 Uhr
Nieuwestraat 42
Tel. 5999 4658966
www.facebook.com/milescuracao

Déjà Vu!
Mo-Sa: 18-24 Uhr
Pietermaai 80
Tel. +5999 5253322
www.facebook.com/dejavucuracao

Der Süden - rund um Willemstad

Aloe Vera Farm

Auf der etwa 40.000 m² großen Plantage am Stadtrand von Willemstad, werden auf etwa der Hälfte der Fläche Aloe Vera Pflanzen angebaut. Seit dem Jahr 2003 bilden die mehr als 100.000 Pflanzen die Grundlage für eine Vielzahl an natürlichen Wellness und Beautyprodukten.

Die Pflanzen können erstmals nach zwei Jahren geerntet werden, wobei man für die Ölgewinnung lediglich die untersten sechs bis acht Blätter der Aloe Vera Pflanze erntet und verarbeitet. Speziell hergestellte und patentierte Maschinen sorgen anschließend für eine schonende Verarbeitung bei der das Gel der Aloe Vera nicht beschädigt wird. Der Großteil des hochkonzentrierten Öls wird für die pharmazeutische Industrie exportiert, ein kleiner Prozentsatz wird vor Ort zu qualitativ hochwertigen Produkten mit dem Namen „CurAloe" verarbeitet. Das Besondere an der Farm ist die natürliche Rohstoffgewinnung, es werden zu keiner Zeit chemischen Substanzen, wie z.B. Pestizide, eingesetzt. Die Pflanzenreste werden nach der Produktion kompostiert und als natürlicher Dünger verwendet. Auf der Plantage besteht die Möglichkeit an einer 30-minütigen Führung teilzunehmen, auf welcher Sie alles über die Aloe Vera Pflanze sowie über den Produktionsprozess erfahren werden. Anschließend lohnt sich ein Besuch des hier befindlichen Shops. Hier können Sie die Produkte testen und natürlich käuflich erwerben.

Informationen
Mo-Fr: 9-16:30 Uhr

Kontakt

Weg naar Groot St. Joris West 9
Willemstad
Tel. +5999 7675577
www.aloecuracao.com

Straußenfarm

Die Straußenfarm befindet sich am östlichen Stadtrand von Willemstad, in der Nähe der Sint Joris Baai. Mit mehr als 200 ausgewachsenen Strauße und ebenso vielen Küken, zählt die 1995 eröffnete Farm zu den größten ihrer Art fernab des afrikanischen Kontinents. Auf der lehrreichen, etwa 45-minütigen Safari erhalten Sie sehr viele Informationen zu der Aufzucht, der Erhaltung und den Lebensbedingungen der Tiere. Während der Rundfahrt durch das Gelände werden Sie an verschiedenen Stationen eine kurze Pause einlegen, um die Tiere in Ruhe beobachten und hautnah erleben zu können. Gegen Ende der Safari haben Sie die Möglichkeit eines der Tiere zu Füttern und sich auf ein leeres Straußenei zu stellen. Sie werden überrascht sein, welch hohes Gewicht die Eier tragen können ohne zu zerbrechen. Auf der Fahrt durch die Farm können Sie noch viele weitere Tiere wie Schafe, Schweine, Krokodile und Schildkröten entdecken. Jedes dieser Tiere hat seine eigene Funktion innerhalb der Anlage.

Die Schafe sorgen dafür, dass die Vegetation aufrechterhalten wird. Sie fressen alles was auf dem Boden wächst und ersparen den Betreibern den Einsatz giftiger Mittel gegen das Unkraut. Für den Bioabfall sind die Schweine und

Aloe Vera Plantage

Straußenfarm

Krokodile zuständig.

Während die Schweine die Speisereste des Restaurants erhalten, beseitigen die Krokodile die nicht verwertbaren Teile der Strauße.

Nach oder vor der Jeep-Tour lohnt sich ein Besuch des anliegenden Restaurants Zambezi. Hier können Sie die ein oder andere exotische Strauß-Spezialität in einem einzigartig afrikanischen Ambiente probieren. Wenn Sie sich noch ein kleines oder größeres Andenken mitnehmen möchten, sollten Sie dem hier befindlichen Souvenirshop einen Besuch abstatten.

Erworben werden können handgearbeitete Kunstgegenstände wie Steinskulpturen, Holzarbeiten und Dekorationselemente aus echtem Straußenei. Sämtliche Produkte werden aus Zimbabwe und Südafrika nach Curaçao importiert.

Schon Gewusst?

Straußeneier können bis zu 1.900 Gramm schwer werden und haben einen Durchmesser von etwa 15 Zentimeter. Der Inhalt von einem Straußenei entspricht bis zu 24 Hühnereiern. Das Besondere ist jedoch, dass ein Straußenei weniger Cholesterin enthält als ein handelsübliches Hühnerei.

Unglaublich!

Das Gehirn eines Straußes ist übrigens kleiner als sein Auge. Die fehlende Intelligenz der Vögel kann man an folgendem Beispiel festmachen. Beginnt ein Strauß vor einem Feind wegzulaufen, rennt er immer weiter bis er zu erschöpft ist, um weiter zu laufen. Er registriert nicht ob er noch verfolgt wird, er rennt und rennt. Wie Ihnen der Guide erzählen wird, vergessen die Tiere am Ende sogar, weswegen sie überhaupt weggerannt sind.

Curacao Ostrich Farm
Mo-Fr: 9-17 Uhr, Sa u. So: 9-22 Uhr
Touren stündlich von 9-16 Uhr
Touren

Safari Tour
Erw. 17 US$, erm. 14 US$
Safari inklusive Mittagessen:
Erw. 37,50 US$, erm. 18 US$
Safari Tour inkl. 3-Gang Dinner:
Erw. 64 US$, erm. 18 US$

Kontakt
Groot St. Joris West z/n
Tel. +5999 7472777
www.curacaoostrichfarm.com

Serena's Art Factory

In der Nähe der Straußenfarm und der Aloe Vera Plantage befindet sich die Kunstwerkstatt von Serena. Nur hier werden die originalen Chichi Figuren in Handarbeit hergestellt. Entwickelt wurde die Figur von der in Berlin geborenen Künstlerin Serena Janet Israel. Die wohl geformten, weiblichen Figuren bedeuten übersetzt so viel wie „große Schwester". Diese älteste Tochter der Familie verkörpert mit ihrer bunten Bemalung die Lebensfreude, die Lebendigkeit und den Zusammenhalt der karibischen Gemeinschaft. Die mehr als 50 Künstlerinnen, welche die Figuren nach ihrem ganz eigenen Stil bemalen, wurden alle persönlich von Serena angelernt. Besucher haben die Möglichkeit, die Werkstatt zu besichtigen und den Künstlerinnen bei ihrer Arbeit über die Schulter zu schauen.

In dem angrenzenden tropischen Garten werden immer wieder Freiluft-Workshops veranstaltet in denen Gruppen oder einzelne Personen die Möglichkeit haben, die Figuren selber zu bemalen.

Wenn Sie Ihr künstlerisches Talent austesten möchten oder jemanden kennen, der gern Gegenstände bemalt, können

Sie sich eine unbemalte, weiße Figur kaufen und diese selbst gestalten oder zum Bemalen verschenken. Das Serena nicht nur auf ihre Chichi Figuren spezialisiert ist, zeigt sich in dem Souvenir Shop des Anwesens. Neben den Figuren und Gemälden gibt es hier, passend zum karibischen Klima und Lebensgefühl, elegante Kleider, Hüte und Taschen zu erwerben.

Serena's Art Factory

Mo-Sa: 9-17 Uhr, So geschlossen
Besuch der Werkstatt ist kostenlos
Figuren kosten zwischen 48 und 348 NAF

Kontakt
Jan Luis 87a
Tel. +5999 7380648
www.chichi-curacao.com

Den Paradera

Im Jahr 1991 gründete die Kräuter- und Heilpflanzenexpertin Dinah Veeris ihren wunderschönen Garten Den Paradera, „dem Ort an dem sie Verweilen möchten". Die im Jahr 1939 geborene Dinah Veeris kombinierte bereits in frühen Jahren ihre Lehrertätigkeit mit ihrer Leidenschaft für die Kräuter- und Heilkunde. 1986 absolvierte sie in Kalifornien ein Studium zur Heilpflanzenkunde und gilt heute nicht nur als kleine Ikone auf Curaçao, sondern auch als ausgewiesene Expertin auf Ihrem Fachgebiet. Die heilende und pflegende Wirkung der Kräuter bilden heute noch die Grundlage für die Produkte von Dinah. Sie hat es sich zur Aufgabe gemacht, die Tradition und das Handwerk der Kräuterkunde zu erhalten. Bei einer Führung durch den Garten erfahren Sie viel Wissenswertes über die Weiterverarbeitung der mehr als 300 Heilpflanzen sowie über die Geschichte der Kräuterheilkunde. In dem kleinen Lädchen können Sie sich das ein oder

andere Andenken kaufen. Das Sortiment umfasst unter anderem natürliche Hautpflegeprodukte, Naturseifen, Badesalze, Kräuterbäder, Salben und Öle sowie Bücher und Postkarten.

Den Paradera
Mo-Sa: 9-18 Uhr; Erw. 8 US$, erm. 3 US$
Führungen: Erw. 9 US$, erm. 5 US$

Kontakt
Seru Grandi 105 A
Tel. +5999 7675608
www.dinahveeris.com

Parke Tropical Zoo

Der Parke Tropical ist vor allem für Kinder ein beliebtes Ausflugsziel. Neben den vielen exotischen Tieren und dem tropischen Garten gibt es im Parke Tropical zwei große Spielplätze für die kleinen Besucher. Nach dem Zweiten Weltkrieg wurde das Gebiet der ehemaligen Plantage Cas Córà für lange Zeit als botanischer Garten und Zoo genutzt. Die vielen, in kleinen Käfigen gehaltenen Tiere sorgten jedoch schnell für großen Unmut unter den Tierschützern.

Schließlich übergab die Regierung den Park im Jahr 2000 an eine Gruppe von Tierschützern. Eine Vielzahl an Freiwilligen der „Friends of the Curaçao Zoo" Stiftung (FOCZ) kümmerte sich von nun an um die Tiere und Pflanzen im Zoo. Die Käfige wurden vergrößert und es erfolgte ein Tieraustausch mit verschiedenen Zoos in Venezuela. Der Park wurde nach und nach modernisiert, ohne seinen ursprünglich tropischen Charme zu verlieren. Heute besuchen vor allem die Inselbewohner den Garten und verbringen hier den Nachmittag mit ihren Kindern. Die Artenvielfalt im Parke Tropical reicht von Affen, Löwen, Bären, Krokodilen bis hin zu zahlreichen Arten der Vogelwelt Südamerikas und der Karibik. Mit Hilfe von Spendengeldern wurden vor einigen Jahren ein Streichelzoo und zwei Spielplätze für die kleinen Besucher errichtet. Im Jahr 2013 begann die Umsetzung eines 10-jährigen Umstrukturierungs-Projekts. Bis zum Jahr 2023 können somit unter Umständen bestimmte Teile des Parks nicht besichtigt werden. Der Eintritt in den Park ist frei, es wird jedoch darum gebeten, eine kleine Spende im Eingangsbereich zu entrichten.

Parke Tropical Zoo
Täglich: 10-17 Uhr
Eintritt frei - Eine Spende ist erwünscht

Kontakt:
Parke Tropical Chuchubiweg
Tel. +5999 7360188
www.curacaozoo.com

Beth Haïm Blenheim

Die ersten Gräber des jüdischen Friedhofs Beth Haïm Blenheim gehen zurück auf das Jahr 1659. Kurz nachdem die ersten Juden die Insel Curaçao besiedelten, gründeten sie im Jahr 1659 diesen jüdischen Friedhof. Das „Haus des Lebens", was Beth Haïm aus dem Hebräischen übersetzt bedeutet, ist somit einer der ältesten jüdischen Grabstätten der Karibik. Der Name verkörpert das jüdische Gedankengut, dass die Seele auch nach dem Tot weiterlebt und somit unsterblich ist.

Die Gräber wurden zunächst wahlweise, nach Belieben auf dem Grundstück des Friedhofs angeordnet. Erst nach dem Erlass der späteren Verordnung, der so genannten Haschkamah, begann man, die Grabstätten in Reihen anzulegen. Durch den wachsenden Wohlstand innerhalb der jüdischen Gemeinde nahm die Bevölkerungszahl bis zum 18. Jahrhundert immer mehr zu. Dies führte dazu, dass der Friedhof im Jahr 1726 um die

Casa de Rodeos erweitert wurde. Casa de Rodeos kommt von dem portugiesischen Wort „rodeamentos" und verkörpert die feierliche Prozession bei der die Torarollen, Pergamente mit den niedergeschriebenen fünf Büchern Moses, sieben Mal hintereinander vorgelesen werden. Auf Geheiß des Friedhofsvorstehers Parnas de Hebrah entstand in diesem Jahr ebenso die erste Steinmauer, welche den Friedhof von nun an komplett umschließen sollte. In den nachfolgenden Jahren kam es, aufgrund eines Disputs innerhalb der Gemeinde, zweimal zu einer Abspaltung einer Gemeinschaft.

Jene, die die Gruppe verlassen haben, errichteten direkt neben dem Beth Haïm Friedhof ihre eigene Grabstätte. Nach der Versöhnung wurden diese dann wieder vereinigt was letztlich zu einer Vergrößerung des Friedhofs führte. So erreichte die Begräbnisstätte, auf welchem sich vor allem Grabsteine aus dem 17. Und 18. Jahrhundert befinden, im Jahr 1822 seine derzeitige Größe von etwa 9.000 m². Auf dem Friedhof befinden sich heute Grabsteine von rund 2.500 identifizierten Menschen. Für mehr Informationen sollten Sie sich für eine der Führungen auf dem Beth Haïm Blenheim anmelden. Dabei erfahren Sie mehr über die historischen Ereignisse der jüdischen Gemeinde und erhalten einen Einblick in die Geschichte mehrerer hier bestatteter Menschen und Familien.

Beth Haïm Blenheim
So-Fr: 8-18 Uhr, Sa und an Sabbat geschlossen

Kontakt
Emancipatie Blvd. 19
Zufahrt über Schottegatweg West
Tel. +5999 7376843
www.bethhaimcuracao.com

Seaquarium

Wie ein riesiges Denkmal ragt das ehemalige Minensuchboot neben dem Eingangsbereich in den blauen Karibikhimmel. Auf der Rückseite des Schiffes nehmen die Besucher des im Jahre 1984 eröffneten Seaquarium auf einer kleinen Holztribüne Platz, um die amüsante aber auch interessante Seelöwen-Show zu verfolgen. Vor kleinem Publikum bringen Ihnen die Betreuer die Anatomie der Tiere näher, ehe eine kleine Showeinlage beginnt. Anschließend geht es durch den Eingangsbereich in die Aquarium Hall. In dem großen überdachten Areal können Sie mehr als 400 Tiere der Unterwasserwelt in insgesamt 46 Becken und Aquarien beobachten. Dabei gibt es neben den farbenfrohen Fischen ebenso Korallen, Seegurken, Schwämme, Seesterne, Flamingos und andere bunte Meerestiere zu entdecken.

Diese wunderschöne Anlage zeichnet sich durch ihr einzigartiges Wasserversorgungssystem, bei dem stetig frisches Meerwasser aus der Karibischen See in die Aquarien gepumpt wird, aus. Höhepunkt und Zuschauermagnet sind natürlich die verschiedenen Veranstaltungen mit den Delfinen. Dabei nehmen der Schutz und die möglichst artgerechte Haltung der Tiere einen sehr hohen Stellenwert ein. Im Gegensatz zu vielen Delfinshows weltweit, in welchen die Tiere teilweise in kleinen Becken eingepfercht sind, werden Sie im Seaquarium schnell bemerken, dass die Haltung der Tiere sehr viel artgerechter ist. Aus diesem Grund werden nur wenige Veranstaltungen pro Tag durchgeführt. Im Vordergrund stehen weniger die Showelemente als vielmehr die Gelegenheit, die Zuschauer über die Tiere, deren Haltung und Lebensgewohnheiten aufzuklären.

Die halboffenen Buchten geben den Delfinen die Möglichkeit, sich frei im offenen Meer bewegen zu können. Tatsächlich ist es so, dass die Delfine, auch aufgrund der Nahrungsversorgung, immer wieder zu ihren persönlichen Trainern und Mentoren zurückkehren. Für mehr Informationen rund um den Tierschutz und dem Seaquarium lohnt sich ein Besuch in dem vor Ort befindlichen Museum. In einem eigenen Kinobereich erfahren Sie mehr über den Artenschutz und den Kampf gegen die Vernichtung der Korallenriffe. Viele Menschen kommen nur aus einem Grund auf die Insel: sie besuchen die einzigartige Dolphin Academy, um mit Delfinen zu schwimmen, sie zu berühren oder mit ihnen zu tauchen. Darunter sind vor allem viele Kinder und Menschen mit schweren Krankheiten oder belastenden Erfahrungen. Durch die Nähe zu den Delfinen und den daraus resultierenden einzigartigen Erfahrungen und Glücksmomenten, werden in den meisten Fällen positive Therapieergebnisse erzielt.

Seaquarium
Mo-So: 8-17 Uhr, Ticketverkauf bis 16 Uhr
Erw. 21 US$, erm. 11 US$, Kinder 4 J. frei

Kontakt
Bapor Kibra - Willemstad
Tel. +5999 4616666
www.curacao-sea-aquarium.com

Dolphin Academy

Die Dolphin Academy bietet ihren Gästen die Möglichkeit, den Delfinen ganz nah zu sein. Angeboten werden in der Akademie sechs unterschiedliche Programme für alle Altersgruppen. Egal ob Sie mit den Delfinen schwimmen, sie berühren, mit ihnen schnorcheln oder tauchen, Sie werden von diesen einzigartigen Geschöpfen fasziniert sein. In kleinen Gruppen von maximal sechs Personen können Sie für etwa 30 Minuten mit den Delfinen

Seaquarium mit Seelöwen- und Delfinshow

schwimmen und sie streicheln. Bei einem Tauchgang tauchen Sie komplett in das Reich der Säuger ein und entdecken die wunderbare Welt der Tiere inmitten des wunderschönen hauseigenen Korallenriffs. Für viele Menschen ist es ein absoluter Traum einmal eigenständig Delfine zu trainieren und mit ihnen zu arbeiten. Die Dolphin Academy bietet Ihnen diese einmalige Gelegenheit. In einem mehrtägigen Trainingskurs lernen Sie alles über die Säugetiere und helfen den Trainern bei der Pflege dieser hochintelligenten Lebewesen. Der Höhepunkt ist die abschließende Delfinshow bei der Sie den Trainern assistieren werden. Für die kleinen Besucher gibt es zum Abschied einen kleinen Kuss und eine „Umarmung" von den Tieren.

Dolphin Academy
Delfinschwimmen ab 99 US$

Kontakt
Bapor Kibra - Willemstad
Tel. +5999 4658900
www.dolphin-academy.com

Substation Curaçao

Egal ob auf den griechischen Inseln, den Balearen, den Kanaren oder an anderen Touristenorten weltweit, in nahezu jeder beliebten Ferienregion werden Touren mit U-Booten angeboten. Die meist gelben Boote, angelehnt an den musikalischen Klassiker der Beatles „Yellow Submarine", entführen die Urlauber in die maritime Unterwasserwelt der jeweiligen Urlaubsregion.

Diese Vorstellungen können Sie bei dem liebevoll als „Curasub" bezeichneten Mini-U-Boot schnell beiseitelegen. Hier wartet ein wirkliches Abenteuer auf die Besucher. Bis zu fünf Personen können sich mit dem spektakulären Boot in die atemberaubende Unterwasserwelt vor Curaçao

begeben. Das Abenteuer reicht bis auf eine maximale Tiefe von ca. 500 Fuß, dies entspricht unglaublichen 150 Metern. Während den maximal zweistündigen Fahrten werden Ihnen aktuelle Projekte dieses Forschungsbootes sowie die zum Teil neu entdeckte Unterwasserwelt nähergebracht.

Vergessen Sie bei der einmaligen Tour auf keinen Fall Ihre Kamera; außerdem sollten Sie genügend Geld beiseitegelegt haben. Das Abenteuer ist mit 425-800 US$, abhängig vom gewünschten Programm, nicht gerade günstig.

Touren
Standard Tour 90 Min. 650 US$
Tiefseefahrt 90 Min. 650 US$
Kombinierte Tour 120 Min. 800 US$
Nachtfahrt 120 Min. 800 US$
Adrenalin Tour 45 Min. 425 US$

Kontakt
Bapor Kibra - Sea Aquarium
Tel. +5999 4652051
www.substation-curacao.com

Octagon Museum

Das Octagon Museum befindet sich in der Anlage des Avila Hotels, in der Nähe des historischen Stadtteils Punda.

Gewidmet ist das Museum dem berühmten südamerikanischen Freiheitskämpfer Simón Bolívar. Neben der Ausstellung zu seinem Leben, zieren viele antike Möbel das kleine Museum. Innerhalb des Gebäudes befinden sich zwei geräumige Zimmer mit jeweils einem separaten Eingang. Eine außen angebrachte Steintreppe führt hinauf zu dem Balkon der zweiten Etage.

Das Dach des achteckigen Gebäudes ist mit Holzschindeln bedeckt und besitzt die Form einer Kuppel.

Die romantische Kulisse mit dem historischen Ambiente macht das Octagon zu

Blick auf den Caracasbaai und Spanish Water

Blick von Fort Beekenburg

Fort Beekenburg

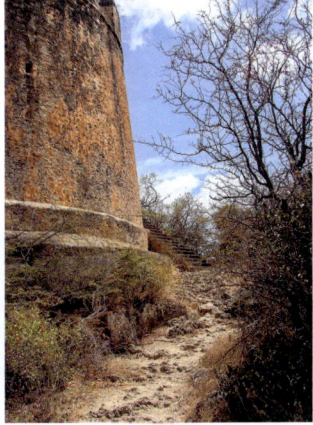

einem wunderschönen Ort für elegante Hochzeiten, kleine Konzerte sowie für Lesungen.

Octagon Museum
Di, Mi, Fr, So 10-12 Uhr
Eintritt: 10 NAF

Kontakt
Octagon Museum im Avila Hotel
Penstraat 130
Tel. +5999 4614377
www.avilahotel.com

Simón Bolívar

Trotz seiner reichen Herkunft begann sich Simón Bolivar für die Rebellen und gegen die Unterdrücker aus den höheren Klassen einzusetzen.

Als seine Heimat durch die spanischen Eroberer besetzt wurde, kehrte er nach Venezuela zurück, um sich dort der republikanischen Bewegung anzuschließen. Als die erste große Revolte niedergeschlagen wurde, floh Simón Bolívar nach Curaçao. Abgemagert und von den Kämpfen gezeichnet, erreichte er geschwächt den Hafen von Willemstad. Nach seiner Ankunft wurde ihm viel Respekt entgegengebracht, besonders durch den berühmten jüdischen Kaufmann und Rechtsanwalt Mordechay Ricardo.

Er versorgte nicht nur Simón mit einer Unterkunft in Punda, er bot auch dessen beiden Schwestern, Maria Antonia und Juana Neponucena, seinen einzigartigen Turm als Behausung an.

Zwischen dem jungen Rebell und dem älteren, weisen Ricardo entwickelte sich schnell eine Freundschaft. Wenig später erhielt Bolívar eine Nachricht der Aufständischen in Cartagena und er verließ erneut die Insel Curaçao, um in den Kampf zu ziehen. Obwohl sein Aufenthalt auf der Insel nur sehr kurz war, konnte er hier zu seiner alten Stärke und Entschlossenheit zurückfinden.

Mit seiner Hilfe, der Hilfe des El General, erhielten Bolivien, Panama, Venezuela, Kolumbien, Peru und Ecuador ihr Unabhängigkeit zurück. Simón Bolívar verstarb am 17. Dezember 1830 in Santa Marta, Kolumbien.

Fort Beekenburg

Auf einem kleinen Felsvorsprung gelegen, überragt das gut erhaltene Fort Beekenburg die gesamte Bucht des Caracasbaai. Auf Befehl des Gouverneurs Van Beek wurde das Fort im Jahr 1703 zum Schutz des heutigen Spanish Water errichtet. Der große massive Turm und die angrenzenden Wälle bestehen dabei komplett aus massiven Steinen aus den Niederlanden. Im 18. Jahrhundert wurde das Fort lediglich bei Angriffen besetzt, in den Friedenszeiten vernachlässigte man das Bollwerk.

Während der Kriegshandlungen mit den Engländern und Franzosen erwies sich das Bauwerk als zuverlässiger Schutz gegen die feindlichen Flotten. Die Bewaffnung bestand aus acht sechs Pfund schweren und vier zwei Pfund schweren Kanonen. Bis Mitte des 19. Jahrhunderts diente das Fort Beekenburg als militärischer Vorposten. Heute ist das Fort frei zugänglich und der Turm kostenlos begehbar. Von hier aus haben Sie eine herrliche Aussicht auf Spanish Water und den Caracasbaai.

Hato Höhlen

Die Hato Höhlen befinden sich in unmittelbarer Nähe zum Hato International Airport Curaçao.
Die etwa 200.000 Jahre alten Gewölbe sind die größten und ältesten auf der Insel.
Nachdem die Höhlen im Auftrag der

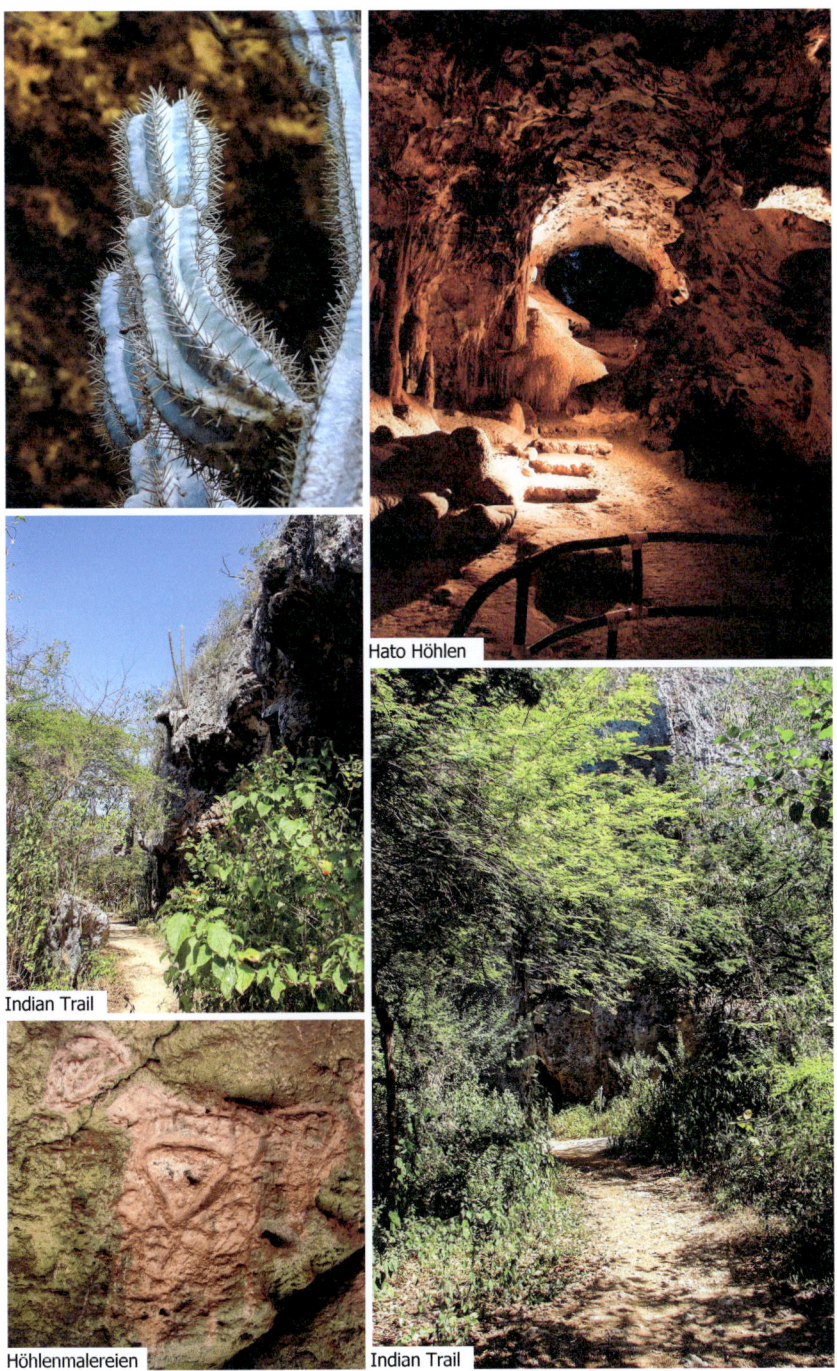

Hato Höhlen

Indian Trail

Höhlenmalereien

Indian Trail

Regierung ausgebaut und passierbar gemacht wurden, öffneten sie im Jahr 1991 ihre Tore für die Öffentlichkeit; etwa 250 Jahre nach ihrer Entdeckung. Die 45-minütige Führung findet in Englisch, Niederländisch, Spanisch sowie in Papiamentu statt und bietet Ihnen einen wunderbaren Einblick in das Innere der Grotten.

Währens des Rundgangs werden Sie seltene Fledermausarten, einen romantischen See sowie viele fantasievolle Gesteinsformationen entdecken können.

Indian Trail

Der Indian Trail befindet sich direkt vor dem Eingang zu den Hato Höhlen und lädt seine Besucher zu einem etwa 30-minütigen Spaziergang durch die Vegetation Curaçaos ein.

Die riesigen Kakteen in dem Kakteenwald sind teilweise zu bizarren Formationen gewachsen und dienen gleichzeitig als ideales Versteck für Leguane und andere kleine Reptilien. Höhepunkt und Namensgeber des Indian Trails sind die etwa 1.500 Jahre alten Höhlenmalereien der Caiquetio Indianer.

Informationen
Mo-So: 9-16 Uhr; Letzte Tour 16 Uhr
Erw. 14 NAF, erm. 10,50 NAF

Kontakt
F. D. Rooseveltweg
Tel. +5999 8680379
www.curacaohatocaves.com

Der Norden der Insel - Natur pur

Savonet Museum

Das Museum befindet sich in dem komplett restaurierten Landhaus Savonet, direkt im Eingangsbereich des Christoffelparks. Die ehemalige Plantage mit ihrer ereignisreichen Historie deckt einen großen Teil des heutigen Parks ab. Das Landhaus Savonet ist, wie so viele weitere Gebäude auf Curaçao, ein architektonisches Kunstwerk. Der einstöckige, rechteckige Gebäudekern des Anwesens ist flankiert mit langen Galerien. Die original aus den Niederlanden importierten Dachziegel auf den Satteldächern sind bereits mehr als 150 Jahre alt. Nutzen Sie die Gelegenheit und besichtigen Sie die Ställe, die Molkerei, die Schmiede, den Hofbrunnen, den Wasserspeicher sowie die Aquädukte. Im Inneren des Anwesens lädt Sie das am 14. September 2010 wiedereröffnete Museum zu einem kleinen Geschichtsexkurs ein. Gegen eine Gebühr von 25 NAF können Sie sich zusätzlich Kopfhörer ausleihen und sich wahlweise in Englisch, Niederländisch oder in Papiamento durch die Ausstellung führen lassen. Im Mittelpunkt stehen das Kapitel des Sklaventums sowie das Leben der Ureinwohner Curaçaos, den Arowak Indianern. Anhand von Fotografien und restaurierten Antiquitäten wird die Verbindung zwischen den Menschen, der Religion und der Natur eindrucksvoll dargestellt. Mehr Informationen finden Sie auf der offiziellen Seite des Museums: *www.savonetmuseum.org*

Christoffel Nationalpark

Der Eingang zum Christoffelpark befindet sich auf dem Gelände der ehemaligen Plantage Savonet. Das heute als Museum genutzte Landhaus wurde in den letzten Jahren, zusammen mit den umliegenden historischen Gebäuden der großen Plantage, liebevoll restauriert. Von Willemstad aus können Sie den Park ganz bequem nach etwa 40 Fahrminuten über die Straße in Richtung Westpunt erreichen. Alternativ zu der eigenen Anreise fährt ab 7 Uhr am Morgen ein Bus im Zweistundentakt von Otrabanda aus in Richtung Westpunt. Geben Sie dem Busfahrer einfach Bescheid, dass Sie am Parkeingang aussteigen möchten.

Der Grundstein für das heutige Naturschutzgebiet legte die Regierung im Jahr 1969 als sie die ehemaligen Plantagen Savonet, Zorgflied und Zevenbergen kaufte.

Drei Jahre später trat die Regierung an die 1955 gegründete CARMABI Stiftung heran, um das Areal des heutigen Christoffelparks zu schützen. Im Jahr 1976 begannen mehr als 170 Mitarbeiter damit, die Straßen des Parks auszubauen und die Ruinen der einstigen Landhäuser von der üppigen Vegetation zu befreien. Am 30. Juni 1978, bereits zwei Jahre nach dem Beginn der Baumaßnahmen, wurde das Reservat feierlich eröffnet. Das mit 2.500 Hektar größte Naturreservat auf Curaçao ist vor allem für Natur- und Wanderliebhaber eines der Highlights der Insel.

Rund um den Berg Christoffel erstreckt sich ein wahres Paradies mit einer einzigartigen Flora und Fauna. Vor allem die vielen Eidechsen und Leguane können überall im Christoffelpark gesichtet werden. Sie flitzen über die Straße und kämpfen sich elegant durch das Unterholz; an die Autos und Menschen haben

Ruine der ehemaligen Plantage Zorgfliet

Boka Grandi

Blick auf den Christoffel

sie sich längst gewöhnt. So kommt es nicht selten vor, dass sich die Echsen am Straßenrand und am Fuße der prächtigen Bäume sonnen.

Neben den vielen Kakteenarten lockt der Christoffelpark seine Gäste mit Orchideen und Bromeliengewächsen. Dabei sind in dem Naturschutzgebiet zwei Orchideenarten besonders stark verbreitet. Die weiße Brassavola Nodosa blüht vorwiegend von Dezember bis Januar und die lila blühende Myrmecophila humboldtia von Juli bis August. Es besteht die Möglichkeit den Park auf einer der acht Wanderrouten oder gemütlich mit dem Auto, auf einer der befestigten Straßen, zu erkunden. Die größtenteils einspurigen Straßen sind in einem guten Zustand und nahezu menschenleer.

Motorräder, Busse oder Quads sind nicht gestattet. Wenn Sie mit dem Auto unterwegs sind, erreichen Sie immer wieder kleine Parkmöglichkeiten mit Aussichtspunkten sowie Wander- und Picknickmöglichkeiten.

Die Wanderrouten des Christoffel Nationalparks bieten mit ihren unterschiedlichen Schwierigkeitsgraden für jeden das Passende an.

Die wohl beliebteste Wandertour ist der Weg hinauf auf den Gipfel des 375 Meter hohen Berg Christoffel. Mit ein wenig Ausdauer werden die kleinen Strapazen des etwa 60-minütigen Aufstiegs mit einem wunderschönen Ausblick über den gesamten nördlichen Teil der Insel belohnt. Denken Sie unbedingt daran, dass Sie ausreichend Wasser mitnehmen.

Darüber hinaus wird empfohlen, den Aufstieg in den frühen Morgenstunden zu beginnen, um sich nicht der Mittagshitze aussetzen zu müssen.

Natürlich lässt sich das Wandern mit dem Autofahren sehr gut kombinieren. Auf der Savonet Route können Sie Ihr Auto bei-

spielsweise auf dem großen Parkplatz oberhalb der Boka Grandi abstellen und einen gemütlichen Spaziergang entlang der Bucht unternehmen. Da es für die meisten Besucher schwierig ist mit dem ungeübten Auge die faszinierende Tier- und Pflanzenwelt vollends zu erfassen, bietet der Park geführte Touren an. Diese reichen von einer Jeep-Safari, dem gemeinsamen Aufstieg auf den Berg Christoffel bis hin zu einer Mountainbike-Tour durch den Park. Nach der Besichtigung des Naturreservates lohnt sich ein Besuch des neu eröffneten Museums im Landhaus Savonet.

Christoffelpark und Museum
Mi-Sa: 07:30-16 Uhr, So: 6-15 Uhr
Eintritt Christoffel Park + Museum:
Erw. 25 NAF, erm. 7,50 NAF, bis 6 J. frei
Audio Guide (Museum) 25 NAF

Kontakt
Christoffelpark
Tel. +5999 8640363
www.christoffelpark.org

Mit dem Auto durch den Park

Savonet Route und Nordküste
Gleich zu Beginn der ungefähr neun Kilometer langen Route können Sie den Mesquite, einen schnell wachsenden Baum mit gelben Blüten und langen Dornen, entdecken. Aufgrund seines raschen Wachstums wurde der Baum in der Vergangenheit als Brennholz genutzt. Auf der linken Seite der Straße werden Sie immer wieder die berühmten Divi-Divi-Bäume mit ihren typisch geschwungenen Schoten erkennen. Die Hülsen mit ihrem hohen Taningehalt von etwa 60 Prozent fanden schnell Verwendung in der Gerberei.

Auf der Rundfahrt entlang der Savonet-Route wird Ihnen der markante Lignum Vitae am Straßenrand begegnen. Wegen seinem extrem harten Holz und dem hohen Harzgehalt fand der Baum besonders im Schiffsbau seine Verwendung. Während der Blütezeit ist der Baum komplett mit blauen Blüten und orangefarbenen Früchten versehen.

Nach wenigen Fahrminuten erreichen Sie den ersten Haltepunkt. Von hier aus führen einige Stufen hinauf auf ein höher gelegenes Plateau von wo aus Sie einen herrlichen Blick auf die raue Nordostküste der Insel haben werden. Genießen Sie den Rundumblick auf die Boka Grandi, das Landhaus Savonet und den Berg Christoffel. Mit ein wenig Glück lassen sich kleine Eidechsen, Kolibris aber auch harmlose Schlangen entdecken.

Anschließend führt Sie die Route weiter entlang eines Salzsees, einem so genannten Saliña.

Wurden diese flachen Seen ehemals zur Salzgewinnung genutzt, tummeln sich hier heute unzählig viele Reiher und Flamingos. Die nächste Station ist die Boka Grandi. Nach einem gemütlichen Spaziergang erreichen Sie die wunderschöne, naturbelassene Bucht mit ihrem glasklaren, seichten Wasser. Vom Ufer aus können Sie Korallen, zahlreiche Fische und kleine Krebse beobachten. Die beeindruckenden Kalksteinformationen sind mit kalkhaltigen Algen und unzähligen Muscheln besetzt. Genießen Sie für einen Moment das Rauschen des Meeres und die einzigartige Flora und Fauna, ehe Sie sich auf den Weg zurück zum Parkplatz begeben. Das nächste Ziel auf der Savonet-Route sind die Höhlen mit den indianischen Gesteinsmalereien. Um die Zeichnungen zu schützen, wurden diese vor etlichen Jahren eingezäunt. Die Höhlen werden auf ein Alter von etwa 500 bis 2.000 Jahre geschätzt.

Wenn Sie eine Taschenlampe dabeihaben, sollten Sie unbedingt die zweite Höhle besichtigen.

Zu Beginn müssen Sie sich auf allen Vieren fortbewegen; der kurze Engpass ist allerdings schnell überwunden und Sie können wieder stehen. Während der Höhlenbesichtigung sollten Sie stets auf Ihren Kopf achten um nicht irgendwo anzustoßen. Nach etwa 40 Metern geht es rechts herum in die so genannte White Chamber, die weiße Kammer, mit hellen Sedimentgesteinen.

Vorbei an vielen, Jahrhunderte alten Stalaktiten und Stalagmiten gelangen Sie in das gut beleuchtete Heiligtum, die sogenannte Kathedrale. Mit ein wenig Glück lassen sich hier Schleiereulen beobachten.

Christoffel-Route

Die Christoffel Route beginnt auf der linken Straßenseite, gegenüber der Einfahrt zum Landhaus Savonet. Nachdem Sie sich das entsprechende Ticket gekauft haben, erhalten Sie einen Chip mit welchem Sie die Schranke öffnen und passieren können. Stellen Sie sich zunächst auf Gegenverkehr ein, ehe die Straße einspurig verläuft.

Der erste Haltepunkt sind die Ruinen der ehemaligen Plantage Zorgflied. Ein kurzer Rundgang führt Sie zunächst zu der ehemaligen Scheune. Wegen der geringen Ansprüche an Boden, Klima und Sonne wurde hier vor allem Hirse kultiviert. Folgen Sie anschließend dem Weg bis zu den eigentlichen Ruinen des Landhauses Zorgflied.

Von dem gut erhaltenen Eingangsbereich des Anwesens haben Sie einen wunderschönen Blick auf die Nordostküste der Insel. Auf dem Weg zurück zum Parkplatz werden Sie eine große steinerne Struktur passieren. Der einstige Sklavenposten wurde vermutlich verwendet, um Sklaven zu fesseln und gefügig zu machen. Andererseits wird vermutet, dass es sich um eine Art Leuchtturm handelte der von Räubern genutzt wurde, um Schiffe in die zerklüftete Küste zu navigieren und sie dort zu überfallen. Wenn Sie die Route fortsetzen, werden Sie nach wenigen Minuten eine T-Kreuzung erreichen von wo aus Sie eine Abkürzung zum Berg Christoffel, der höchsten Erhebung der Insel Curaçao, nehmen können. Wir setzen den Weg zunächst geradeaus fort. Nach wenigen Minuten können Sie am linken Straßenrand ein Hinweisschild mit der Aufschrift „Teku" erblicken. Das einzigartige Bromeliengewächs besitzt eine besonders charakteristische runde Struktur mit schmalen, rinnenartigen Blättern. Die gelblich-grünen Blätter sind, wie beispielsweise bei der Agave, mit langen Dornen versehen. Ebenso außergewöhnlich ist die leuchtend rote Farbe der Blattansätze im Zentrum des Bodengewächses. Hier befinden sich auch die kleinen rosafarbenen Blüten des Teku. Die Route führt Sie weiter einen kleinen Hügel hinauf von wo aus Sie einen atemberaubenden Ausblick auf den geschützten Shete Boka Nationalpark genießen können. Obwohl der Aussichtspunkt etliche Kilometer von der schroffen Küste entfernt ist, lassen sich die stürmischen Wogen der aufbrausenden Wellen sehr gut erkennen. Nach diesem eindrucksvollen Panoramablick führt Sie die Straße weiter in Richtung Berg Christoffel. Bevor Sie den großen Parkplatz am Fuße des Berges erreichen, passieren Sie noch einen weiteren Haltepunkt mit einer tollen Aussicht auf die Ostküste der Insel. Von hier aus lässt sich das im Jahr 1693 erbaute Herrenhaus der ehemaligen Plantage Knip erkennen.

Heute beherbergt das Landhaus Knip ein Museum über das Leben der Sklaven, speziell über den großen Aufstand unter dem berühmten Sklaven Tula im Jahr 1795. Die gut vorbereitete Revolte wurde nach einem Monat blutig niedergeschlagen und ihr Anführer Tula zum Tode gefoltert. Nach wenigen Minuten werden Sie den Parkplatz des Berg Christoffel erreichen. Denken Sie daran genug Wasser mitzunehmen und sich ausreichend vor der Sonne zu schützen. Zu Beginn ist der etwa 60-minütige Aufstieg recht gleichmäßig ansteigend, auf leicht steinigem Terrain. Die Zeit scheint inmitten der eindrucksvollen Flora und Fauna wie im Fluge zu vergehen. Genießen Sie den zu diesem Zeitpunkt noch sehr gemächlichen Aufstieg, ehe es steiler und das Terrain schwieriger wird. Den Höhepunkt hat die Wanderung in einer kleinen „Kletterpartie" in der Nähe des Gipfels. Bleiben Sie unbedingt auf den Wegen, abseits der Pfade gibt es zu viele unsichere Passagen und lose Gesteine. Oben angekommen liegt Ihnen die gesamte Insel zu Füßen. Bei guten Sichtverhältnissen können Sie sogar den Tafelberg nahe der Hauptstadt Willemstad erblicken. Das Panorama und das Gefühl den Berg erklommen zu haben ist atemberaubend schön und befreiend. An diesem Ort wird Ihnen so richtig bewusst, wie klein die Insel Curaçao eigentlich ist. Lassen Sie sich für den anschließenden Abstieg genügend Zeit und nutzen sie gegebenenfalls die Vegetation und die Felsen, um sich etwas abzustützen. Wieder auf dem Parkplatz angekommen, führt Sie die Route weiter zu dem letzten Haltepunkt der Rundfahrt. Nach ein paar Gehminuten werden Sie einen alten Minenschacht entdecken. Dieser ist mit grünlichen Gesteinen versetzt, den so genannten Malachiten. Der acht Meter Tiefe Schacht wurde im Jahr 1724 für die

Kupfergewinnung ausgegraben. Viele Untersuchungen ergaben jedoch, dass der Kupferanteil in dem Gestein zu gering und der Abbau nicht rentabel ist.

Geführte Exkursionen im Christoffelpark

Wenn Sie den Park nicht auf eigene Faust erkunden möchten, empfiehlt es sich an einer der zahlreichen Touren teilzunehmen. Die Exkursionen umfassen geführte Wanderungen, beispielsweise hinauf auf den Christoffel, verschiedene Pickup-Safaris aber auch Entdeckertouren für Tierliebhaber. Für die sportlichen Gäste stehen am Landhaus Savonet qualitativ hochwerte Mountainbikes zum Verleih zur Verfügung. Auf der offiziellen Website finden Sie für die meisten Angebote und Aktivitäten zwar ungefähre Zeiten, dennoch sollten Sie auf jeden Fall reservieren und einen genauen Zeitpunkt ausmachen.

Große Pickup-Safari

Auf dieser geführten, umfangreichen Safari besichtigen Sie beide Seiten des Christoffelparks. Während der vierstündigen Tour erhalten Sie viele interessante Informationen über Flora und Fauna, Geologie, Kultur sowie zur Geschichte des Parks.

Mo, Mi, Fr ab 8 Uhr; Erw. 30 US$, erm. 20 US$

Kleine Pickup-Safari

Zweistündige Pickup-Safari für eine Seite des Parks.

Mo, Mi, Fr ab 8 Uhr; Erw. 20 US$, erm. 10 US$

Sunset Safari

Auf Wunsch kann eine zweistündige Tour in den südlichen Teil des Parks organisiert werden. Beobachten Sie den Sonnenuntergang an dem wohl schönsten und besinnlichsten Ort auf der Insel Curaçao.

Do ab 16 Uhr; Erw. 40 US$
4-10 Teilnehmer

Wanderung mit Beobachtung der Weißwedelhirsche

Die sehr scheuen Hirsche können Sie vor allem in den frühen Morgenstunden oder am späten Nachmittag erspähen. An den ausgewählten Plätzen ist die Chance sehr hoch, die scheuen Tiere beim Trinken oder Fressen beobachten zu können. Der einsetzende Sonnenuntergang verleiht dem Ausflug eine ganz besondere Atmosphäre.

Jeden Donnerstag oder auf Anfrage
Erw. 25 US$, erm. 10 US$
4-10 Teilnehmer

Geführter Aufstieg auf den Berg Christoffel

Die Besteigung des Christoffel mit seinen 375 Höhenmetern können Sie selbstverständlich auf eigene Faust durchführen. Wenn Sie sich nicht sicher sind ob Sie den Aufstieg allein bewältigen können, ist es möglich diesen mit einem Guide durchzuführen. Dabei erhalten Sie eine Vielzahl an Informationen über die wunderschöne Flora und Fauna der Region. Der Ausflug findet jeden Sonntag in den Morgenstunden statt. Es sollte auf jeden Fall ein Termin angefragt und reserviert werden.

Nur auf Anfrage; Erw. 30 US$
2-6 Teilnehmer

Vogelbeobachtung

Für Vogelliebhaber ist diese geführte Tour ein absolutes Muss. Sie werden an die Plätze mit der größten Artenvielfalt innerhalb des Parks geführt. An ausgewählten Orten haben Sie ebenso die Möglichkeit, Vögel zu füttern.

Nur auf Anfrage; Erw. 20 US$

2-10 Teilnehmer

Savonet History Tour

Besichtigen Sie eine der ältesten und vollständigsten Plantagen der Insel Curaçao. Während des Rundganges erhalten Sie eine Vielzahl an Informationen über die Plantage und deren Auswirkung auf die umgebende Natur.

Nur auf Anfrage; Erw. 20 US$
Mindestens 2 Teilnehmer

Shete Boka Nationalpark

Wenn Sie die Insel Curaçao in ihrer ganzen Vielfalt erleben möchten, ist ein Ausflug in den Norden ein absolutes Muss. Zu den vielen wunderschönen weißen Sandstränden entlang der Westküste stellt die Nord- und Ostküste ein faszinierendes Kontrastprogramm dar. Neben dem Christoffelpark mit seiner überwältigenden Flora und Fauna wirkt der Shete Boka Nationalpark an der Nordostküste wie eine trostlose Mondlandschaft. Diese eindrucksvolle Kulisse, in Verbindung mit der Naturgewalt des Meeres, macht die Faszination dieses Nationalparks aus.

Von der Hauptstraße aus wird Sie eine kleine Mauer mit Schildkrötenmotiven und der Aufschrift „Carmabi Parke Nashonal Shete Boka" auf die Zufahrtstraße in den Park aufmerksam machen. Der etwa zehn Kilometer lange Küstenabschnitt wird von sieben kleinen Buchten unterbrochen, den „Sieben Mündern", wie Shete Boka aus dem Papiamentu übersetzt wird. Sie haben die Möglichkeit den Park von dem großen Hauptparkplatz aus zu erkunden oder mit dem Auto die Küste entlang zu fahren und an einigen kleineren Parkmöglichkeiten zu halten.

Von dem großen Parkplatz aus erreichen Sie nach wenigen Gehminuten den ersten Höhepunkt des Shete Boka Nationalparks, die unterirdische Höhle bei Boka Tabla. Ein paar in den Stein gearbeitete Stufen führen Sie hinunter in die kleine Grotte. Achten Sie darauf, dass Sie keine nassen Füße bekommen, wenn Sie die ankommenden Wellen beobachten und fotografieren. Nach der Besichtigung der Höhle führt Sie der Weg weiter zu einer kleinen Aussichtsplattform oberhalb von Boka Tabla. Von hier aus haben Sie einen wunderschönen Blick auf die Bucht und die eindrucksvolle Küstenlandschaft. Mit einer enormen Kraft und Energie arbeitet sich die stürmische See den Kalksteinterrassen entgegen, um sich anschließend zu meterhohen Fontänen und Wasserwänden aufzubäumen.

Trotz der kargen Landschaft und der unruhigen See befindet sich an diesem Ort der Lebensraum für viele verschiedene Tierarten.

Die scharfkantigen Klippen und Felsen bieten ideale Versteckmöglichkeiten für die vielen Eidechsen, Leguane und anderen Reptilien. In den Buchten des 1994 eröffneten Parks liegen einige geschützte Brutplätze für Schildkröten. Der Shete Boka Nationalpark bietet Ihnen auf zwei verschiedenen Wanderrouten die Möglichkeit, die faszinierende Landschaft entlang der Küste entdecken und erleben zu können.

Boka Wandomi Trail

Der Boka Wandomi Trail führt Sie zu der gleichnamigen Bucht im Norden des Shete Boka Nationalparks. Bei der einstündigen Wanderung durch die zerklüftete Landschaft haben Sie die ganze Zeit über einen atemberaubenden Blick auf die faszinierende Küstenlandschaft.

Oberhalb der Boka Wandomi befindet sich eine gut platzierte Aussichtsplattform mit einem herrlichen Panoramablick über die gesamte Bucht.

Genießen Sie den Ausblick bevor Sie sich über eine steinerne Treppe in die kleine Schlucht der Bucht begeben. Viele Besucher nutzen hier die herumliegenden Steine, um Grüße jeglicher Art im Boden oder auf den Felsvorsprüngen zu hinterlassen. Nach dieser kleinen künstlerischen Einlage geht es eine weitere Treppe hinauf auf das gegenüberliegende Plateau. Nach wenigen Gehminuten erreichen Sie die Aussichtsplattform der Natural Bridge, einer faszinierenden Kalksteinformation in der Form einer Brücke.

Boka Pistol Trail

Der Boka Pistol Trail führt Sie von Boka Tabla in Richtung Süden zur Boka Kalki. Alternativ zu dem gemütlichen Spaziergang besteht die Möglichkeit, das Auto auf dem kleinen Parkplatz oberhalb der Bucht abzustellen und den Weg zu Fuß fortzusetzen. Nachdem Sie die Boka Kalki hinter sich gelassen haben, erreichen Sie nach etwa 20 bis 30 Minuten Boka Pistol; für viele Besucher das Highlight des Shete Boka Nationalparks. Den atemberaubenden Blick, der sich von der Besucherplattform aus vor Ihnen offenbart, werden sie so schnell nicht vergessen. Aufgrund der starken Verengung der Kalksteinformation im hinteren Teil der kleinen Bucht, wird die Energie der ankommenden Wellen so stark auf einen kleinen Bereich gebündelt, dass sich die Wassermassen meterhoch in den Himmel erstrecken und mit diesem zu verschmelzen scheinen.

Die atemberaubende Kraft des Meeres und der wunderschöne Anblick dieses

Shete Boka Nationalpark

Boka Pistol

Natürliche Brücke

Naturschauspiels sind einmalig auf der Insel.

Shete Boka Nationalpark
Geöffnet tgl. von 7-17 Uhr, 10 NAF

Kontakt
Boka Tabla
Tel. +5999 8640444
www.shetebokapark.org

Watamula

Neben dem Shete Boka Nationalpark mit seinen faszinierenden Buchten und Gesteinsformationen, stellt Watamula einen weiteren eindrucksvollen Ort entlang der schroffen Nordküste dar. Von Westpunt aus erreichen Sie die Kurá Hulanda Lodge. Hier folgen Sie der Schilderung bis Sie nach einigen Fahrminuten den kleinen Parkplatz bei Watamula erreichen. Auf dem Weg zum Meer werden Sie zunächst einen mit der Landesflagge bemalten Felsbrocken entdecken können. Genießen Sie den erfrischenden Wind und die Stille, welche lediglich durch die aufbrausenden Wogen des Meeres unterbrochen wird. Die malerische Kulisse der weitläufigen Landschaft ist ebenso faszinierend wie die enorme Kraft der Wassermassen, die sich mit unbarmherziger Gewalt auf die Kalksteinformationen zubewegen und meterhoch in den Himmel reichen. Vor Ihnen erstreckt sich ein malerisches Motiv, geschaffen für jeden Hobbyfotografen und Künstler; ein Landstrich voller Idylle und Gelassenheit. Einheimische Angler sitzen auf den Steinterrassen und versuchen ihr Glück in einem guten Fang zu finden. Vor Ihnen liegt eines der schönsten Naturphänomene der Insel. Der Begriff „Watamula" ist ein Wort aus dem Papiamentu und heißt übersetzt Windmühle. Diese alte Mühle existiert heute nicht mehr, stattdessen wird Ihr Blick auf ein etwa fünf bis sechs Meter tiefes Loch,

mit einem Durchmesser von etwa zehn Metern, gelenkt.

Aus sicherem Abstand aus wird Ihnen schnell bewusst werden, weshalb diese Gesteinsformation heute gern als Waschmaschine bezeichnet wird. Enorme Wassermassen gelangen vom Meer aus durch den unterspülten Bereich der Gesteinsformation bis hin zu dem Loch und werden dort wie wild hin- und hergerissen. Die wild umherbrausenden Wassermassen erinnern stark an einen Blick in das Innere einer Waschmaschine. Trotz der Faszination ist hier natürlich äußerste Vorsicht geboten, ein sicherer Abstand zu den Abbruchkanten sollte unbedingt gewahrt werden.

Butterfly Garten

Schmetterlinge versprühen seit jeher eine besondere Anziehungskraft und Faszination. Mit dem im Jahr 2007 eröffneten Curaçao Butterfly Garden in Soto, haben nun auch Touristen und Einheimische die Möglichkeit, diese besonderen Tiere in Ruhe beobachten zu können. Die hier lebenden Schmetterlinge bilden eine kleine Auswahl an lokalen sowie an südamerikanischen Tieren.

Wer sich nicht selbst auf die Suche nach den teilweise gut versteckten Tieren begeben möchte, kann an einer Führung mit geschulten Mitarbeitern teilnehmen. In dem zugehörigen Restaurant können Sie sich mit köstlicher einheimischer Küche stärken. Dazu gehören die typisch kreolischen Fleisch- und Gemüseeintöpfe, die so genannten „Stoba", das Bohnengericht „Tutu" sowie die einheimische Polenta „Funchi".

Im Souvenirshop haben Sie die Möglichkeit das ein oder andere handgefertigte Andenken zu erwerben.

Butterfly Garten
So-Fr: 9-16 Uhr; Erw. 8 US$, erm. 5 US$

Kontakt
Landhaus Pannekoek, Soto
Tel. +5999 8880225

Hòfi Pastor

Auf dem Weg nach Westpunt, in dem kleinen Örtchen Barber gelegen, befindet sich dieses kleine Naturschutzgebiet. Der noch heute der katholischen Gemeinde gehörende Park befindet sich in unmittelbarer Nähe zur Kirche San Jose. Gepflegt wird der Park von der Organisation „Amigu di Tera", den „Freunden der Erde Curaçaos". Hier befindet sich, neben vielen seltenen Pflanzen und Gewächsen, der älteste Baum der Insel. Bei dem vor 400 Jahren von Arawak Indianern gepflanzten Baum handelt es sich um einen Wollbaum, dem so genannten Kapok. Die Indianer des Stammes der Caiquetios pflanzten den Baum nach Ihrer Flucht aus Venezuela. Er ist mit einer Höhe von bis zu 75 Metern einer der größten Bäume des tropischen Regenwaldes. In der Mythologie der Maya stellt der Kapok den Weltenbaum dar. Der etwa zehn Hektar große Garten ist ein Ort der Ruhe; Touristen sind hier eher selten anzutreffen. Der schattige Park ist vielmehr Heimat für viele Vogelarten, Schmetterlinge, harmlose Schlangen, wilde Esel und Leguane die sich von den Früchten der vielen Obstbäume ernähren. Das Hòfi Pastor so viel bedeutet wie „Obstgarten des Pastors" verwundert bei den vielen tropischen Obstbäumen in dem Park nicht wirklich. Nach einem gemütlichen Spaziergang, der Sie je nach Belieben bis zur rauen Nordostküste der Insel führt, können Sie sich in dem kleinen Restaurant Klosterküche (Sa-Di: 17-20 Uhr) nahe der Kirche San Jose stärken.

Hòfi Pastor
Mo-Fr u. So: 9-17 Uhr; Eintritt: 5 NAF

Kontakt
Weg naar Westpunt, Barber
Tel. +5999 8642207
www.hofipastor.org

Watamula

Landhäuser

Die herrschaftlichen Landhäuser der mehr als 100 ehemaligen Plantagen dienten als Wohnsitz für den Plantagenbesitzer und dessen Familie. Umgeben waren die im 18. und 19. Jahrhundert errichteten Anwesen von den Unterkünften der Arbeiter und Sklaven sowie von Lagerhäusern und Scheunen. Die Nutzung der Höfe war sehr vielseitig und reichte von der klassischen Viehzucht, der Kultivierung von Getreide, Aloe Vera und Obst bis hin zur Salzgewinnung in den angrenzenden Saliñas. Von den ehemals 100 Landhäusern existiert heute noch etwa die Hälfte. Nach aufwendigen Restaurierungsarbeiten der vergangenen Jahre ist der Großteil der Anwesen für Besucher zugänglich. Einige beherbergen Museen und Kunstgalerien, in anderen befinden sich Unterkünfte, Restaurants und Cafés. Zu den wohl berühmtesten Landsitzen gehören die Landhäuser Chobolobo, Ascension, Knip und Savonet.

Landhaus Chobolobo

Das im frühen 18. Jahrhundert errichtete Landhaus Chobolobo trug einst den Namen Zoutpan. Ursprünglich nutzte man das etwa zehn Hektar große Areal, rund um das in gelben Farben strahlende Herrenhaus im Osten Willemstads, als kleine Salzplantage. Seit dem Jahr 1946 befindet sich in dem historischen Herrenhaus die berühmte Likör-Brennerei „Senior & Co". Nur hier wird der originale Curaçao Likör aus den Schalen der Lahara-Frucht, einer Orangenart, zusammen mit exotischen Kräutern gebrannt. In dem hier befindlichen Besucherzentrum haben Sie die Möglichkeit sich über die Herstellung der Spirituose zu informieren. Sie können außerdem an einer 45-60-minütigen Tour, inklusive Verkostung des Likörs und eines Cocktails, teilnehmen. Die Führungen werden in verschiedenen Sprachen, darunter auch Deutsch, durchgeführt und beginnen stündlich um 9, 10, 11, 13, 14 sowie um 15 Uhr. Anschließend können Sie den Orangenlikör in einer der vielen angebotenen Farben für sich oder Ihre Liebsten daheim erwerben.

Führungen
9, 10, 11, 13, 14, 15 Uhr
Standard: 12 US$; Deluxe Tour: 20 US$

Kontakt
Elias RA Moreno Boulevard Saliña Ariba, Willemstad
Tel. +5999 4613526
Mo-Fr: 8-17 Uhr
www.chobolobo.com
www.curacaoliqueur.com

Landhaus Ascension

Das im Jahr 1672 erbaute Landhaus Ascension befindet sich auf einem Hügel südlich des Ortes Barber und ist von Willemstad aus nach etwa 30 Minuten Fahrtzeit bequem zu erreichen. Durch seine erhöhte Lage haben Sie eine wunderschöne Rundumsicht auf die Küste und das Landesinnere.

Die optimale Nutzung des Nordost-Windes sorgt im Inneren des Anwesens für eine angenehme, natürliche Klimatisierung. Ursprünglich wurden vor allem Mais, Bohnen, Baumwolle und Indigo angebaut und kultiviert. Später, während des 19. Jahrhunderts, kam die Viehzucht hinzu. Zu Beginn des 20. Jahrhunderts

Landhaus Ascension zum Tag der offenen Tür

Karibische Klänge - Landhaus Ascension

Landhaus Chobolobo

Landhaus Jan Kok

Landhaus Ascension

lebte der Schriftsteller und Politiker Cola Debrot in dem Landhaus und schrieb in dieser Zeit seinen Roman „Meine Schwester die Negerin". Wenn Sie die Kultur und die Menschen auf Curaçao hautnah erleben möchten, dann ist ein Besuch zum Tag der offenen Tür ein absolutes Muss. Jeden ersten Sonntag im Monat präsentieren viele lokale Künstler ihre handgearbeiteten Werke und bieten diese zum Verkauf an. Bei einem Spaziergang durch das Anwesen können Sie karibische Klänge und den wohlriechenden Duft frisch zubereiteter Speisen wahrnehmen. Während im Hinterhof gegrillt wird rundet eine Liveband das wunderschöne Ambiente rund um das in gelben Pastelltönen strahlende Landhaus ab. Jeden Donnerstag können Sie während eines geführten Rundgangs das Landhaus sowie die nähere Umgebung erkunden. Bevor dieser um 9 Uhr beginnt, können Sie sich ab 8:30 Uhr bei einer Tasse Kaffee gemütlich auf den Tag einstimmen. Bei der Tour durch und rund um das Anwesen Ascension werden Sie sehr viel über die Geschichte, die Pflanzen- und Tierwelt sowie das Leben während und nach der Sklaverei lernen. Zum Abschluss des etwa 75-minütigen Rundgangs gibt es für Sie noch einen Kaffee, Limonade und Kuchen.

Tag der offenen Tür
jeden ersten Sonntag im Monat von 10-14 Uhr; Eintritt frei

Besichtigung Landhaus Ascension
donnerstags ab 8:30 Uhr
Dauer ca. 75 Minuten; Preis: 10 NAF
Reservierung notwendig

Kontakt
Weg naar Westpunt
Tel. +5999 8641950
www.landhuisascencion-curacao.com

Landhaus Blauw

Der Namensgeber Anno Blauw ließ die Plantage Anfang des 18. Jahrhunderts vor den Toren von Willemstad errichten. Hauptsächlich wurde auf dem Anwesen blauer Farbstoff, der so genannte „Indigo", produziert. Vor etwa 40 Jahren fand man in einer alten Scheune Säcke mit dem dunkelblauen Puder. Ende des 18. Jahrhunderts terrorisierten französische Piraten die Insel. Infolgedessen brach die Wirtschaft nach und nach zusammen. Am 23. Juli des Jahres 1800 begann eine 50-tägige Invasion von etwa 1.200 Piraten der Bande „Gang of Guadeloupe". Neben der Piraterie nahm auch hier die Sklaverei einen großen Teil der Historie ein. Dokumenten zufolge befanden sich im Jahr 1843 etwa 27 Sklaven auf der Plantage. Im Laufe der Jahrzehnte wurde Blauw unzählige Male weiterverkauft. Von 1918 bis 1990 gehörte die Plantage der Familie Jacobs. Sie kauften das Areal der Familie Joubert ab und wandelten es in einen vollwertig niederländischen Bauernhof mit Rindern, Schafen, Schweinen und Hühnern. Schon damals war die Plantage für ihre vielen Brunnen mit ausgezeichneter Wasserqualität bekannt. In den 1990er Jahren wurde die Region um das Landhaus Blauw in das heutige Blue Bay umstrukturiert. Heute befinden sich hier ein Golfplatz, ein Resort und der wunderschöne Blue Bay Beach.

Landhaus Brievengat

Das Landhaus Brievengat befindet sich im Nordosten von Willemstad. Die Mitte des 18. Jahrhunderts erbaute Plantage gehörte einst zu den größten und berühmtesten ihrer Art auf Curaçao. Hier wurden nicht nur Rinder, Schafe und Ziegen gehalten, sondern auch Aloe Vera Pflanzen angebaut und kultiviert. Entlang der gesamten Frontfassade des Herrenhauses verläuft eine wunderschöne offene Galerie. Die großzügige Terrasse erreichen Sie über eine mittig platzierte, breite Treppe. Die Veranda schließt beidseits mit zwei quadratischen Türmen ab. Ursprünglich wurden diese als Beobachtungs- und Wachtürme genutzt. Unter den Einheimischen werden sie noch heute als „casa di palomba", als Liebesnest für außereheliche Beziehungen, bezeichnet. Die rosafarbene Küche ist mit weißen Punkten versehen die dem Volksmund zufolge das Böse fernhalten sollen. Letztendlich geht man heute wohl eher davon aus, dass sie dem Insektenschutz dienten.

Durch einen verheerenden Sturm wurde das Herrenhaus 1877 nahezu komplett zerstört und sollte zunächst abgerissen werden.

Nachdem es anschließend durch den Vorläufer des Shell Konzerns zur Grundwassergewinnung übernommen wurde, übergab dieser im Jahr 1950 das Anwesen einer kulturellen Stiftung, mit dem Ziel das Anwesen zu restaurieren und zu erhalten. Heute können im Anwesen, mit den zwei Event Plaza, dem Gentleman Room sowie der Terrasse von Eden, verschiedene Areale gemietet und für Veranstaltungen genutzt werden.

Neben den privaten Veranstaltungen finden regelmäßig Partys, Konzerte und weitere Events statt.

Landhaus Brievengat
Kaya Wilfred Pieters
Tel. +5999 6900651
www.brievengat.com

Landhaus Bloemhof

Bloemhof ist eine der kleineren Plantagen auf der Insel Curaçao. Während seines Bestehens wurde das Anwesen sehr häufig weiterverkauft und somit immer wieder verändert. Das erste Mal geschah dies bereits im Jahr 1735. Da das genaue Datum der Errichtung nicht bekannt ist, kann man immerhin von einem ungefähren Alter von etwas mehr als 270 Jahren ausgehen. Das Landhaus Bloemhof spielte im Bereich der landwirtschaftlichen Nutzung nie eine besonders große Rolle. Einen weitaus größeren Nutzen besaß die Plantage in der Wassergewinnung. Mit Hilfe von zwei Dämmen, mehreren Brunnen und Zisternen, wurde das Wasser gespeichert und an die Bewohner in der Stadt verkauft. Das Hauptgebäude besteht aus einem zentralen zweigeschossigen Bau mit einem Wohn- und Essbereich in der unteren Etage sowie den Gemächern im Obergeschoss.

Seitlich wurden Flügel für die Küche, Speisekammer, Wohnzimmer und für die Zisternen angebaut.

Neben dem Herrenhaus befindet sich ein längliches Nebengebäude, welches durch ein Aquädukt mit dem Haupthaus verbunden ist. Dieses diente einst als Lager, als Wohnhaus für Arbeiter sowie als Stall. In den letzten 50 Jahren hat sich auf der Plantage viel verändert. Das Landhaus Bloemhof wurde zu einem beliebten Treffpunkt für Liebhaber der Kunst, Literatur und Kultur. Im Jahr 2001 wurde das Anwesen komplett restauriert. Seit dem Jahr 2002 finden hier eine Vielzahl kultureller Veranstaltungen wie Workshops, Ausstellungen und Vorträge statt. In den ebenfalls restaurierten Nebengebäuden des Landgutes befinden sich eine Bibliothek sowie ein Lesezimmer. Mehr Informationen zu den Workshops und den aktuellen Ausstellungen finden Sie auf der offiziellen Website der Plantage Bloemhof.

Landhaus Bloemhof
Di-So: 9-14 Uhr
Eintritt: 2 US$ pro Person

Kontakt
Santa Rosaweg 6
Tel. +5999 7375775
www.bloemhof.cw

Landhaus Knip

Das Landhaus Knip, auch Kenepa genannt, befindet sich an der Nordwestküste von Curaçao. Mit dem Kleinen und Großen Knip scheint das Anwesen zwei der wohl schönsten Strände der Insel zu schützen. Der Name „Kenepa", so wie die Einheimischen das Landhaus nennen, kommt von den Früchten des Kenepatree. Durch seine erhöhte Lage haben Sie einen wunderschönen Ausblick auf die Hügellandschaft rund um den Berg Christoffel. Am Fuße des Hügels befindet sich ein liebevoll angelegter Garten mit alten Obstbäumen und mehreren Brunnen. Einigen historischen Dokumenten zufolge lebten Mitte des 19. Jahrhunderts etwa 353 Menschen mit 30 Pferden, etwa 360 Kühen, 2.400 Schafen, 680 Ziegen und über 100 Schweinen auf dem Gutshof. Neben der klassischen Viehzucht wurden auch andere Tiere wie beispielsweise Truthähne, Hühner, Gänse und Tauben gehalten. Vor dem Landhaus Kenepa befinden sich einige Lagerhallen für die Ernteerträge und die landwirtschaftlichen Gerätschaften. In dem Turmbereich des Herrenhauses wurde einst die Milch der Ziegen und Kühe gelagert und zu Buttermilch und Käse weiterverarbeitet. Nebenan befanden sich die Pferdeställe. Besonders charakteristisch für das Landhaus Knip sind die aufwendig restaurier-

ten Tiergehege und die angrenzenden Unterkünfte für die Arbeiter und Sklaven. Im Jahr 1985 übernahm die Denkmalstiftung von Curaçao die Plantage mit dem Anwesen und begann mit der Restaurierung der Gebäude. Das Landhaus nimmt eine enorm wichtige Rolle in der Geschichte des Sklaventums auf Curaçao ein. Am 17. August des Jahres 1795 legten die Sklaven, unter ihrem Anführer Tula, die Arbeit auf der Plantage nieder und zogen weiter nach Santa Cruz. Die mittlerweile mehr als 1.000 rebellierenden Sklaven wurden dennoch überwältigt und ihr Anführer zum Tode verurteilt. Heute befindet sich in dem Anwesen das Museo Tula, benannt nach dem Anführer des Sklavenaufstandes. Die unterschiedlichen Ausstellungen befassen sich hauptsächlich mit dem Sklaventum und den afrikanischen Einflüssen und Lebensgewohnheiten auf Curaçao. Während der Führung durch die Räume des Anwesens werden unterschiedliche Themen und Lebenseinflüsse während der Sklaverei betrachtet. Ein besonderes Augenmerk liegt auf dem wohl wichtigsten Gut der Menschen, die weniger hatten als ihr eigenes Leben; der Musik. Die live Vorführung der verschiedenen Instrumente und die aktive Teilnahme an Rhythmus und Gesang, wirken für viele Besucher sehr emotional und bewegend.

Landhaus Knip
Di-So: 9-17 Uhr
Erw. 5 NAF, erm. 1,50 NAF
geführte Tour: 10 NAF

Kontakt
Landhuis Knip
Tel. +5999 8688200

Kenepatree (Melicoccus bijugatus)
Der Kenepatree gehört zur Gattung Melicoccus, welche erstmals im Jahr 1756 dokumentiert wurde. Seinen Namen biju-

gatus verdankt er seinen Blättern die jeweils aus 2 Blattpaaren bestehen. Der vor allem in Mittel- und Südamerika vorkommende Baum trägt in nahezu jeder der vielen Regionen einen anderen Namen. In Puerto Rico gibt es zu Ehren des Baumes sogar ein Fest mit dem Namen „Festival Nacional de la Quenepa". Der auf Curaçao weit verbreitete Baum erreicht eine Höhe von bis zu 25 Metern. Charakteristisch sind die tiefgrünen Blätter sowie die etwa 4cm langen und 2cm breiten, grünen Früchte des Kenepatree. Im Inneren der ledrigen Frucht befindet sich das orange- bis gelblich gefärbte Fruchtfleisch. Die Früchte haben je nach Reifegrad einen süßen bis sauren Geschmack. Letzterer ist vor allem in Mexiko beliebt wo die säuerlich schmeckenden Früchte mit Chilipulver und Salz bestreut und gegessen werden.

Landhaus Habaai

Das zu Beginn des 18. Jahrhunderts erbaute Anwesen zählt zu den schönsten und ältesten Landhäusern auf Curaçao. Obwohl die Plantage während ihrer langen Geschichte auch als Internat verwendet wurde, blieb die ursprüngliche Architektur erhalten. An der Vorder- und Rückseite des Hauptgebäudes wurden herrliche Galerien sowie ein langer Flügel angebaut. Die wunderschön geschwungenen Giebel, die drei Gauben auf beiden Seiten des Daches und die Bogenelemente der Galerie bewirken ein malerisches Ambiente. Heute befindet sich in dem Landhaus die größte und älteste Kunstgalerie auf Curaçao. Die weitläufige Terrasse wird für kulturelle Veranstaltungen wie Konzerte, Vorlesungen, Präsentationen und Empfänge genutzt. Zu den Ausstellungsstücken zählen Gemälde, Skulpturen, Keramik, Schmuck und Puppen,

wobei sich die Künstler von den Farben, der Architektur, den Menschen, der Unterwasserwelt sowie der Landschaft inspiriert ließen.

Landhaus Habaai
Mo-Fr: 9:30-17:30 Uhr, So: 10-14 Uhr

Kontakt
Frater Radulphusweg 4
Tel. +5999 4628896
www.galleryalmablou.com

Landhaus Jan Kok

In der Nähe von Sint Willibrordus, vorbei an den Jan Kok Saliñen, befindet sich das Landhaus Jan Kok. Erbaut wurde das Anwesen im Jahr 1840 auf den Ruinen eines alten Gebäudes aus dem 18. Jahrhundert. Den Namen verdankt es dem grausamen Sklaventreiber Jan Kok, dessen Geist hier noch immer sein Unwesen treiben soll. Auf der Terrasse des Anwesens kann die ehemalige Sklavenglocke besichtigt werden. Neben dem Ackerbau und der Viehzucht wurde die 345 Hektar große Plantage hauptsächlich zur Salzgewinnung genutzt. Seit dem Jahr 2000 beherbergt das Landhaus die Galerie der berühmten Künstlerin Nena Sanchez, der ehemaligen Miss Curaçao. Inspiriert von der Schönheit der Insel und der wunderbaren Flora und Fauna, zeichnet sie beeindruckende und farbintensive Unikate. Viele Werke befinden sich in privaten Sammlungen in Europa, in Nord- und Südamerika und natürlich auf Curaçao. Lassen Sie sich auf keinen Fall einen gemütlichen Spaziergang zu den großen Salzbecken, den Jan Kok Saliñen, entgehen. Hier haben sich mittlerweile große Flamingo-Kolonien niedergelassen und bieten ihren Besuchern ein wunderschönes Fotomotiv.

Landhaus Jan Kok
Di-So: 10-18 Uhr

Kontakt
St. Willibrordus
Tel. +5999 8640965
www.nenasanchez.com

Landhaus Rooi Catootje

Das Landhaus Rooi Catootje befindet sich direkt in Willemstad, am Schottegatweg Oost. Das im Jahr 1820 erbaute Herrenhaus erhielt seinen heutigen Namen erst Mitte des 19. Jahrhunderts, als es die Familie Maduro zu ihrem Landsitz machte. Das zweigeschossige Hauptgebäude ist von Galerien und einer Terrasse umgeben. Rooi Catootje trägt einen bedeutenden Anteil an der Geschichte der Niederländischen Antillen. Im Jahr 1954 wurden hier die neuen verfassungsrechtlichen Statuten sowie die Einführung der Autonomie zwischen den Niederlanden und ihren karibischen Kolonien beschlossen. Im Inneren befinden sich die Maduro-Bibliothek sowie ein kleines Museum mit einer Vielzahl an antiken Möbeln und Antiquitäten aus echtem Mahagoni.

Die Sammlung der Schriftstücke reicht von historischen Büchern, Zeitschriften, Dokumenten, Münzen und Fotos, bis hin zu Schallplatten über die Ereignisse auf Curaçao und den Niederländischen Antillen. Ein großer Teil der Dokumente beschreibt die Geschichte der jüdischen Gemeinde auf der Insel.

Landhaus Rooi Catootje
Mo-Fr: 9-12 Uhr

Kontakt
Landhuis Rooi Catootje
Tel. +5999 7375119
www.madurolibrary.org

Landhaus Savonet

Die ehemalige Plantage deckt einen Großteil des heutigen Christoffelparks ab. Durch ihre Größe und die Tatsache, dass sie die am besten erhaltene Plantage auf Curaçao ist, macht sie zu einem der imposantesten Sehenswürdigkeiten außerhalb von Willemstad. Produziert und verarbeitet wurden in dem 1662 erbauten Anwesen vor allem Hülsenfrüchte, Mais und Holz. Im Jahr 1804 wurde das Landhaus, zur Zeit der britischen Invasion, von den Engländern niedergebrannt. Während das Hauptgebäude im Stil des 18. Jahrhunderts wieder aufgebaut wurde, konnten die meisten ehemaligen Sklavenhütten nicht rekonstruiert werden. Das mit langen Galerien umgebene einstöckige Gebäude liegt auf einer leicht erhöhten Ebene, um eine optimale Sicht auf die angrenzende Region zu garantieren. Die Dachziegel auf den Satteldächern sind original niederländisch und etwa 150 Jahre alt. Besichtigt werden können die Ställe, eine Molkerei, eine Schmiede, der Hofbrunnen, Wasserspeicher, Kanäle und Aquädukte. Das am 14. September 2010 wiedereröffnete Museum lädt Sie mit diversen Langzeitausstellungen und Sonderausstellungen zu einem kleinen Geschichtsexkurs ein. Im Mittelpunkt steht das traurige Kapitel des Sklaventums sowie das Leben der Ureinwohner Curaçaos, den Arowak Indianern. Anhand von Fotografien und restaurierten Antiquitäten wird die Verbindung zwischen den Menschen, der Religion und der Natur eindrucksvoll dargestellt. Nach der Besichtigung des Museums können Sie sich hier auf der Museums-Terrasse mit lokalen Spezialitäten stärken und den Blick auf die umgebende Landschaft genießen.

Die Tickets können direkt für das Museum aber auch als Kombination mit dem Eintritt in den Christoffelpark erworben werden.

Landhaus Savonet

Mi-Sa: 7:30-16 Uhr, So: 6-15 Uhr
Museum: 5 NAF; erm. 3,50 NAF
Museum + Park: 25 NAF, erm. 7,50 NAF

Kontakt:

Christoffelpark
Tel. +5999 8640363
www.savonetmuseum.org

Strände

Der Begriff „Karibik" verkörpert wie kein anderer ein tolles Klima, weiße lange Sandstrände und ein türkisblaues Meer mit einer farbenfrohen Unterwasserwelt die ihresgleichen sucht. Auf der Insel gibt es weit mehr als 30 wunderschöne Strände. Die Auswahl kann kaum facettenreicher sein. Entlang der Westküste finden Sonnenanbeter mit den weißen, mit Palmen besetzten Sandstränden ein wahres Urlaubsparadies.

Die meisten Buchten sind nur einen Steinwurf von den nächstgelegenen Ortschaften und Naturparks entfernt. Zu den wohl schönsten Stränden zählen Cas Abou, der Grote Knip (Playa Abou), Kokomo Beach und der Blue Bay Beach. Ein großer Teil der Buchten ist bewirtschaftet; vor Ort finden Sie nahezu alles was das Herz begehrt. Angefangen von Strandliegen, mit Palmenblättern über-

dachte Sitz- und Liegemöglichkeiten, Restaurants, Bars, Tauchbasen bis hin zu Sanitäreinrichtungen.

Wer an den Wochenenden das einheimische Flair hautnah erleben möchte, aber dennoch Wert auf Strandliegen und die Möglichkeit der Verpflegung besteht, sollte die öffentlichen Strände besuchen. Besonders am Kleinen und Großen Knip sowie am Playa Jeremi spielt an den freien Tag das Leben. In großer Anzahl pilgern die Einheimischen Familien an den Strand und genießen bei einem reichhaltigen Barbecue und toller Stimmung ihren freien Tag. Wer es etwas ruhiger mag sollte diese Strände am Wochenende vermeiden oder sich generell einen der eher abgelegenen, verlassenen Strände suchen. Paradebeispiel ist hier der „romantische" Director's Bay im Süden von Willemstad.

Caracasbaai

Der Caracasbaai befindet sich im Süden der Insel, direkt vor den Toren von Willemstad. Folgen Sie dem Caracasbaaiweg bis Sie den kleinen Kreisverkehr erreichen. Auf der linken Seite können Sie bereits den langgezogenen Strand mit den ausreichenden Parkmöglichkeiten erblicken.

Der öffentliche, kostenfreie Strand mit seinem ruhigen, flach abfallenden Wasser ist besonders bei einheimischen Familien und Schnorchlern beliebt.

Einen typischen Bilderbuch-Karibikstrand mit weißem, feinem Sand darf man hier jedoch nicht erwarten.

Die langgezogene Bucht besteht aus grobkörnigem Sand und ist mit kleinen Kieselsteinen durchzogen. Für ausreichend Schatten sorgen einige mit Palmenblättern bedeckte Sitz- und Liegemöglichkeiten. Für das leibliche Wohl gibt es mit dem „Golden Seahorse" und dem „Pop's Place" zwei kleine Restaurants. Für alle Sportliebhaber steht außerdem ein Volleyballfeld zur Verfügung. Der Caracasbaai ist ein einfacher Strand der seinen Besuchern eine willkommene Abkühlung nach einem anstrengenden Tag bietet.

Jan Thiel Beach

Director's Bay

Seaquarium Beach

Director's Bay

Der Director's Bay befindet sich in unmittelbarer Nähe zum Caracasbaai und dem Fort Beekenburg. Die Bucht wurde nach den Direktoren des Shell-Konzerns benannt und bis zum Jahr 1985 als Privatstrand genutzt.

Von dem oberhalb der Bucht gelegenen Parkplatz aus hat man einen wunderschönen Blick auf die kleine romantische Bucht, welche Sie nach ein paar Stufen erreichen können. Der Director's Bay ist ein echter Geheimtipp. Wer einen karibischen Traumstrand mit feinstem, weißem Sand erwartet, wird hier schnell enttäuscht sein. Hier sind es das besondere Flair, die Unberührtheit und die sehr guten Tauch- und Schnorchel-Möglichkeiten die die kleine Bucht zu einem besonderen Kleinod machen.

Jan Thiel Beach

Der Jan Thiel Beach befindet sich im Süden der Insel, in der Nähe des Caracasbaai. Die vielen Liegestühle entlang des Kais laden zum Verweilen ein. Besonders schön sind die Lounges mit den großen Liegeflächen und einem wunderschönen Blick auf die Karibische See. Trotz des Komforts und dem weißen Sandstrand handelt es sich hierbei nicht um einen karibischen Traumstrand.

Der künstlich angelegte Strand ist vor allem bei den Touristen der angrenzenden Ferienresorts beliebt und demzufolge recht überfüllt. Für die kleinen Besucher bietet der Strand einen Swimmingpool mit Planschbecken sowie einen Spielplatz. Zudem gibt es mehrere Volleyballfelder, Duschen, Toiletten und ausreichend Parkmöglichkeiten.

Das Restaurant Zanzibar ist jeden Tag von 8 bis 23 Uhr geöffnet. Neben dem normalen Restaurantbetrieb ist die Zanzibar eine beliebte Location für Veranstaltungen und vor allem am Abend ein angesagter Treffpunkt. Eine tolle Atmosphäre mit Livemusik, hochwerten Speisen und erfrischenden Cocktails laden zum Verweilen ein.

Zanzibar Curaçao
Jan Thiel Beach Curaçao
Tel. +5999 7470633
www.beach-restaurants.com/nl

Seaquarium Beach

Wie der Name schon vermuten lässt, befindet sich dieser wunderschöne Sandstrand direkt neben dem Seaquarium. Die langen, parallel zum Strand befindlichen Wellenbrecher bewirken einen sanften und ruhigen Wellengang.

In dem teils seichten Wasser können Kinder bedenkenlos baden und spielen. Nach einem gemütlichen Bummel durch die Geschäfte der neu gestalteten Einkaufspassage können Sie sich in einer der zahlreichen Bars und Restaurants stärken und die Seele baumeln lassen. Von Freitag bis Sonntag wird der Mambo Beach zu einem der beliebtesten Treffpunkte für Musikliebhaber aus aller Welt. Genießen Sie einen der vielen leckeren Cocktails zu Lounge-Musik, grooven Sie zu Reggae-Klängen oder schwingen Sie Ihr Tanzbein zu den Rhythmen der Live gespielten Salsa-Musik.

Der gesamte Bereich ist barrierefrei und mit dem Rollstuhl zu erreichen.

www.hemingwaycuracao.com
www.mambobeach.com

Blauwbaai -
Blue Bay Beach

Der Blue Bay Beach, auch als Blauwbaai bezeichnet, befindet sich etwa zehn Autominuten (in Richtung Bullenbaai) von Willemstad entfernt. Den Namen Blauwbaai verdankt der Strand der im Jahr 1700 errichteten Plantage Blauw. Die Bucht gehört heute zu dem Blue Bay Golf & Dive Resort. Bevor Sie die reichlich vorhandenen Parkplätze erreichen, müssen Sie zunächst eine Schranke passieren und angeben, dass Sie den Strand besuchen möchten. Nachdem Sie die 15 NAF am Strand entrichtet haben, erblicken Sie vor sich einen der schönsten Strände der Insel.

Der feine, weißsandige Strand mit dem flach abfallenden, türkisblauen Wasser und dem wunderschönen Palmenhain, machen diesen Ort zu einem wahren Paradies. In dem Eintrittspreis sind eine Strandliege und ein Sonnenschirm bereits inbegriffen.

Für die Kinder gibt es am Blue Bay Beach einen eigenen Poolbereich. Außerdem können sich die kleinen Besucher auf dem Kindespielplatz so richtig austoben.

Mit dem Blue Bay Dive befindet sich eine renommierte und relativ neue PADI-zertifizierte Tauchbasis am Strand des Blauwbaai. Angeboten werden neben Tauchkursen jeden Fähigkeitsgrades, geführte Tauchgänge im hauseigenen Riff, Bootstauchgänge sowie ein Verleihservice für die benötigte Tauchausrüstung.

Wer nicht tauchen möchte aber dennoch nicht auf die Artenvielfalt und farbenfrohe Unterwasserwelt verzichten möchte, der kommt an diesem Traumstrand nicht am Schnorcheln vorbei. Das kristallklare Wasser verspricht mit einer meterweiten Sicht einen unglaublichen Einblick in das Unterwasserleben der Karibischen See.

Für den kleinen Hunger gibt es am Blue Bay Beach eine kleine Strandbar. Jeden Sonntag wird hier ein leckeres Barbecue angeboten.

Blauwbaai - Blue Bay Beach
15 NAF - inklusive Liege
www.hotel.bluebay-curacao.com
www.dive.bluebay-curacao.com

Daaibooibaai

Daaibooibaai liegt in der Nähe von Saint Willibrordus, an der Westküste von Curaçao. Mit Palmenblättern bedeckte Sitzmöglichkeiten, der feine Sand und das türkisblaues Wasser machen den Strand zu einem lohnenswerten Ausflugsziel abseits des Trubels und Lärms. Genießen Sie die Ruhe die nur von dem sanften Rauschen der Wellen und den Fischerbooten, die dem Horizont entgegenfahren, umspielt wird.

Eine Strandbar lädt zu kleinen Snacks und kühlen Getränken ein. Der Eintritt ist frei, für die Liegen wird jedoch eine Gebühr von fünf NAF erhoben.

Playa Porto Mari

Auf dem Privatgelände der ehemaligen Plantage Porto Mari befindet sich der gleichnamige Playa Porto Mari. Er liegt in unmittelbarer Nähe zum Daaibooibaai, in der Nähe der Ortschaft Saint Willibrordus.

Die Geschichte der etwa 594 Hektar großen Plantage geht zurück bis in das Jahr 1684. Bis zur Abschaffung des Sklaventums arbeiteten und lebten mehr als 200 Sklaven auf Porto Mari. Sie kümmerten sich um die Viehbestände, kultivierten Mais, stellten Holzkohle für die Kalksteinöfen her und bauten Obst und Gemüse an. Porto Mari zählt nicht ohne Grund zu einem der schönsten und beliebtesten Strände der Insel.

Der weiße Sand und das flach abfallende, in schönstem Türkis strahlende Wasser laden zum Träumen, Entspannen und Schnorcheln ein. Das hauseigene Doppelriff zählt zu den schönsten Spots von Curaçao.

Das auch für Anfänger bequem zugängige Riff ist nach wenigen Minuten Schwimmen zu erreichen und präsentiert bei kristallklarem Wasser eine einzigartige, farbenfrohe Unterwasserwelt.

Tauchkurse und geführte Tauchgänge lassen sich am strandeigenen Tauchcenter buchen. Gegen eine kleine Gebühr können Sie sich eine Liege mitsamt Sonnenschirm mieten.

Für den kleinen Hunger befindet sich am Strand eine gemütliche Bar, in welcher gekühlte Getränke und Snacks angeboten werden.

Für Abwechslung sorgt der gemächliche Aufstieg auf den Seru Mateo, einer kleinen Erhebung direkt neben dem Strand. Benannt wurde sie nach dem befreiten Sklaven Matthäus. Obwohl ihm die auferlegte Bürde im Jahr 1850 genommen wurde, lebte und arbeitete er weiterhin auf der Plantage Porto Mari. Der Ausblick hoch oben vom Seru Mateo ist atemberaubend.

Die Bucht mit dem wunderschönen Strand liegt Ihnen sprichwörtlich zu Füßen. Der Weg beginnt auf der Rückseite des Parkplatzes und hat eine Länge von etwa drei Kilometern.

Playa Porto Mari
9:30-18:30 Uhr
5 NAF; Liege + Schirm 5 NAF pro Person
Tel. +5999 8647539
www.playaportomari.com
www.portomarisports.com

Cas Abou

Cas Abou hätte kein Künstler schöner entwerfen können.

Eingebettet in kakteenbewachsene Klippen erstreckt sich der weiße Sandstrand mit dem dahinterliegenden kristallklaren Wasser vor den Augen der begeisterten Besucher.

Dieser Beschreibung kann man es bereits entnehmen, Cas Abou ist zu Recht einer der schönsten Strände Curaçaos und wurde nicht ohne Grund als ein solcher ausgezeichnet. Die Vielfalt und Möglichkeiten sind hier nahezu unbegrenzt.

Wer es ruhiger mag, der kann sich entspannt unter eine der vielen Palmendächer legen oder von dem ortsansässigen Masseur, beim sanften Rauschen des Meeres, den Stress von den Schultern massieren lassen.

Das Riff und die farbenfrohe Unterwasserwelt lassen sich am besten beim Tauchen und Schnorcheln erkunden. In dem ansässigen Tauchcenter können Sie sich das entsprechende Equipment leihen oder an geführten Tauchgängen teilnehmen. Drei Mal in der Woche werden hier zudem Boots-Tauchausflüge zum **Mushroom Forest** angeboten. Vor Ort lässt sich sogar ein Kajak ausleihen mit dem man gemütlich die Bucht entlangfahren und nach Belieben zum Schnorcheln in das lauwarme Nass springen kann. Wer es sportlich mag sollte ebenso einen Blick auf das Stand-Up-Paddeling werfen. Das so genannte Stehpaddeln ist in Deutschland nach und nach bekannt geworden, erfreut sich auf Curaçao aber bereits seit längerer Zeit großer Beliebtheit.

Für das kulinarische Wohl sorgt die Beach Bar & Restaurant „Daiquiri". Von 10 bis 18 Uhr werden hier Smoothies, Bier,

Mixgetränke aber auch Kaffee und Snacks angeboten.

Cas Abou
8-18 Uhr
10 NAF pro Auto mit max. 4 Personen, 2,50 NAF für jede weitere Person Sonntag 12,50 NAF, Liege mieten: 5 NAF www.casaboudiveandwatersports.com

Playa Santa Cruz

Playa Santa Cruz befindet sich im Nordwesten der Insel, zwischen den beiden Orten Soto und Lagun. Durch seine Größe verteilen sich die Liegen und Palmendächer großzügig entlang des weißen Sandstrandes. Wer einen naturbelassenen Strand abseits des Trubels sucht, wird sich hier wohlfühlen.

Mit den gepflegten Traumstränden, wie Cas Abou oder dem Kleinen und Groten Knip, ist dieser aber nicht zu vergleichen. Wer nur etwas schnorcheln und entspannen möchte, ist am Playa Santa Cruz bestens aufgehoben. Die meisten Touristen die sich auf den Weg zum Playa Santa Cruz machen, kommen jedoch nicht hierher um am Strand die Seele baumeln zu lassen.

Es handelt sich vielmehr um einen Ausgangspunkt um zu den wohl schönsten Tauchspots der Insel zu gelangen. Tauchliebhaber aus aller Welt buchen von hier aus das Wassertaxi von Captain Goodlife, einer Institution auf der Insel, und lassen sich zum Mushroom Forest und dem angrenzenden Blue Room fahren, einer kleinen Höhle mit einer atemberaubenden Unterwasserwelt und einzigartigen Lichtverhältnissen.

Zu empfehlen ist das Restaurant von Captain Goodlife. Der fangfrische Fisch den seine Frau ihren Gästen zubereitet ist ein wahrer Gaumenschmaus.

Playa Lagun

Der Playa Lagun befindet sich etwas nördlich von Santa Cruz, in unmittelbarer Nähe zu dem gleichnamigen Ort Lagun. Am Ortseingang angekommen, biegen Sie einfach links ab und folgen der Straße bis zum öffentlichen Parkplatz.

Playa Lagun ist eine sehr kleine, idyllische Bucht mit hervorragenden Tauch- und Schnorchel-Bedingungen.

Kleine Fischerboote schaukeln ruhig auf dem klaren Wasser umher und erzeugen im Zusammenspiel mit den hohen Felswänden beidseits der Bucht eine malerisch romantische Kulisse.

Durch das sehr flach abfallende Wasser ist die Lagune besonders für Familien mit Kindern geeignet. Der natürliche Strand ist zwar kein Traumstrand, aber garantiert etwas für Tierliebhaber.

Viele Besucher schwärmen von Ihren Begegnungen mit Wasserschildkröten und den recht zahmen Leguanen und Hühnern, welche sich besonders bei der höher gelegenen Bahia Beach Bar tummeln. Von dieser haben Sie auch eine wunderschöne Aussicht auf die Bucht und die Karibische See.

Die Bahia Beach Bar ist, ebenso wie das Tauchcenter Bahia Diving, Teil der hier befindlichen Apartmentanlage „Bahia Apartments & Diving". In der Tauchbasis können Tauchausrüstungen ausgeliehen sowie verschiedene geführte Tauchgänge gebucht werden. Jeden Donnerstag gibt es hier einen Curaçao Abend mit Spezialitäten der Insel, untermalt von karibischer Live Musik.

Kokomo Beach

Der im Jahr 2011 eröffnete Kokomo Beach befindet sich am Vaersenbaai und ist die Location für Beach-Partys und

Open-Air-Festivals. Zu den bekanntesten und beliebtesten Veranstaltungen zählen die monatlich stattfindende Full Moon Party, das Woodstock Festival, Springbreak und besonders das Amnesia Beach Festival.

Wenn hier keine Veranstaltungen stattfinden ist der Kokomo Beach ein wunderschöner, sauberer Strand für die ganze Familie. Das ruhige, kristallklare Wasser bietet beim Schnorcheln und Tauchen einen einzigartigen Einblick in die vielfältige Unterwasserwelt von Curaçao. Ausrüstung, Kurse und geführte Tauchgänge können in dem hier befindlichen Tauchcenter Trunkdivers ausgeliehen beziehungsweise gebucht werden. Ein kleines Highlight ist die schwimmende Plattform, die kurz vor dem Strand im Wasser verankert ist.

Für das leibliche Wohl sorgt das hier befindliche Restaurant, welches neben Mittags- und Abendangeboten ebenso eine Frühstückskarte anbietet.

Kokomo Beach - Restaurant
9-18 Uhr (Sonntag bis 20 Uhr)
www.kokomo-beach.com
www.trunkdivers.com

Kleine Knip / Kenepa Chiki

Der kleine Knip, auch Kenepa Chiki genannt, ist der kleine Bruder vom Grote Knip, dem Playa Kenepa. Wenn Sie aus Richtung Lagun kommen folgen Sie einfach der Beschilderung in Richtung Playa Kenepa und anschließend, nach dem alten Pförtnerhäuschen, dem Schild mit der Aufschrift „Kenepa Chiki".

Die idyllische Bucht ist um ein vielfaches kleiner als der Grote Knip, versprüht dadurch aber einen besonderen Charme. Vor allem unter der Woche kann man hier einige ruhige und entspannte Stunden, umgeben von einer wunderschönen Kulisse, verbringen.

Für ausreichend Schatten sorgen die vielen Palmendächer, der hintere Teil der Bucht ist mit Manzalinabäumen bewachsen. Hier befindet sich ebenso eine kleine Snackbar. Direkt am Wasser ist der feine Sand mit kleinen Steinen durchsetzt. Wenn Sie an der Kultur und an den Lebensgewohnheiten der Einheimischen interessiert sind, ist der Playa Kenepa vor allem an den Wochenenden ein echtes Highlight. Mit großen Kühlboxen und Soundanlagen richten sich etliche Bewohner Curaçaos im hinteren Teil des Strandes mit einem großen Barbecue ein und feiern ausgelassen zu karibischen Klängen.

Grote Knip / Playa Abou

In der Nähe des Landhaus Knip befindet sich der Grote Knip, auch Kenepa Grandi genannt. Der Strand zählt zu den beliebtesten und schönsten der Insel; er ist das Postkartenmotiv schlechthin.

Unmittelbar neben dem Parkplatz befindet sich eine Aussichtsplattform mit einem Panoramablick über die gesamte Bucht.

Der sehr feine Sand, die mit Palmendächern bedeckten Schattenplätze und das türkisfarbene, kristallklare Wasser machen die Bucht zu einem karibischen Traumstrand. Eine kleine Snackbar versorgt Sie mit kleinen Speisen und erfrischenden Getränken. Die farbenprächtige Unterwasserwelt lässt sich am besten beim Schnorcheln entlang der Felswände der Bucht erkunden.

Das hauseigene Riff erreicht man nach etwa zehn Minuten Schwimmen.

Wie beim Kleinen Knip herrscht hier an den Wochenenden reges Treiben; die Bucht zählt zu den beliebtesten Treffpunkten unter den Einheimischen.

Grote Knip

Kleine Knip

Cas Abou

Nach dem Sonnenbaden lohnt sich ein Besuch in dem Landhaus Knip. Das Anfang des 18. Jahrhunderts erbaute Anwesen beherbergt heute das Tula Museum und eine Ausstellung antiker Möbel.

Klein Curaçao

Von den Stränden entlang der Westküste von Curaçao geht es nun auf die etwa zehn Kilometer entfernte Insel „Klein Curaçao". Die ganztägige Schiffstour auf die nur etwa zwei Quadratkilometer große Insel wird mehrmals die Woche von mehreren Veranstaltern angeboten. Die Überfahrt auf das paradiesische Eiland startet meist vom Spanish Water aus und dauert etwa zwei Stunden. Von weitem können Sie bereits den alten Leuchtturm erblicken und die malerische Kulisse auf sich wirken lassen. Ein wahres Paradies erstreckt sich vor Ihren Füßen; der endlos weiße Traumstand und das türkisblaue Wasser laden zum Sonnenbaden, Schwimmen, Schnorcheln und Tauchen ein. Da es auf der Insel nicht so viele Schattenplätze gibt, sollten Sie auf jeden Fall an ausreichend Sonnenschutz denken. Idealerweise nicht nur in Form von Spray und Creme, vielmehr sollten Sie auf eine Kopfbedeckung und besonders bei kleinen Kindern auf ein T-Shirt zurückgreifen. Als Verpflegung wird von den Veranstaltern in der Regel ein Barbecue organisiert.

Wenn Sie sich nach dem Essen die Beine vertreten möchten, empfiehlt sich ein gemütlicher Spaziergang zu dem historischen Leuchtturm.

Alternativ bietet Ihnen das große verrostete Schiffswrack der Maria Bianca Guidesman, an der Westküste des Eilands, ein faszinierendes Fotomotiv. Für Tauchbegeisterte gibt es insgesamt vier Tauchplätze mit unterschiedlichen Anforderungen. Zu einem der bekanntesten Anbieter zählt Mermaid Boat Trips (www.mermaidboattrips.com). Dieser fährt die Insel jeden Dienstag, Mittwoch, Donnerstag, Freitag und Sonntag vom Fisherman's Pier, am Spanish Water gelegen, aus an.

Nachtleben auf Curaçao

Wenn die Sonne am frühen Abend ein wunderschönes Ambiente über die Dächer der restaurierten Kolonialhäuser zaubert, beginnt in Willemstad ein sehr abwechslungsreiches Nachtleben. Schnell werden Sie feststellen, dass die beliebtesten Treffpunkte am Abend jene sind, in denen ausgezeichnetes Essen und Cocktails angeboten werden. Beginnen Sie den Abend bei einem leckeren Drink entlang der Handelskade oder direkt an der Karibischen See und genießen Sie den Sonnenuntergang in vollen Zügen. Die meisten Restaurants und Bars bieten am frühen Abend, meist gegen 17 Uhr, eine Happy Hour an. Die Möglichkeiten den Tag anschließend ausklingen zu lassen sind sehr vielseitig. Genießen Sie einen entspannten Abend bei Livemusik und leckeren Cocktails in einer der zahlreichen Bars oder schwingen Sie selbst das Tanzbein bei einer der angesagten Beach Partys oder in einem der zahlreichen Clubs in Willemstad. Wer es gediegener aber nicht weniger Glamourös mag, wirft sich in Schale und besucht eines der angesagten Kasinos.

Bars und Clubs

Omundo Restaurant & Wine Bar

Das ehemalige Kaufmannshaus im Nordosten von Willemstad, direkt neben dem Zuikertuin Einkaufszentrum gelegen, hat sich mittlerweile in ein modernes Restaurant mit einem tollen Lounge-Bereich gewandelt. Jeden Freitagabend können Sie hier bei einem leckeren Martini und einer exzellenten internationalen Küche in das Wochenende starten. Das tolle Ambiente des charismatischen Anwesens lädt mit seiner beeindruckenden Architektur und der stimmungsvollen Beleuchtung jeden Dienstag und Donnerstag bei Livemusik zum Tanzen ein.

Omundo Restaurant & Wine Bar
Suikertuintje Weg, Zuikertuin Mall
Tel. +5999 7388477
www.omundocuracao.com

Bistro Le Clochard

Exquisites Gourmetrestaurant mit französischer und internationaler Küche.

Bistro Le Clochard
Mittag: 12-14 Uhr, Dinner: 18:30-22:45 Uhr, Bar: 12-24 Uhr
www.bistroleclochard.com

The Rif Fort Bar

Hier gibt es die größten Cocktails der Insel. Besonders empfehlenswert sind der Rif Fortini Cocktail und der Frozen Mojito. Von 18:30 bis 22 Uhr gibt es hier eine Happy Hour.

The Rif Fort Bar
Täglich geöffnet von 11-24 Uhr
Rif Fort, Otrabanda

The Sopranos Piano Bar

Beliebte Party-Location mit Livemusik und Tanz. Neben einem kleinen Speisenangebot mixen hier die wohl beliebtesten

Barkeeper der Insel ihre leckeren Cocktails.

The Sopranos Piano Bar
Täglich geöffnet von 12-4 Uhr
Rif Fort, Otrabanda
www.sopranossportsbar.com

Kokomo Beach

Der im Jahr 2011 eröffnete Kokomo Beach befindet sich am Vaersenbaai und ist die Location für Beach-Partys und Open-Air-Festivals. Zu den bekanntesten und beliebtesten Veranstaltungen zählen die monatlich stattfindende Full Moon Party, das Woodstock Festival, Springbreak und das Amnesia Beach Festival.

Kokomo Beach
Vaersenbaai, Willemstad
Tel. +5999 8680908
www.kokomo-beach.com

Mambo Beach

Der Mambo Beach ist einer der beliebtesten Hotspots für einen wunderschönen Abend und ein ausgelassenes Nachtleben. Wenn die Sonne am Horizont allmählich in der Karibischen See verschwindet, finden sich hier zahlreiche Gäste ein, um den Sonnenuntergang bei einem leckeren Cocktail und internationalen Speisen zu genießen. Das einzigartige Ambiente und die vielseitigen Angebote machen den Mambo Beach zu einem absoluten Muss für Ihren Besuch auf Curaçao. Livemusik, DJ's und Konzerte sind nur ein Auszug des umfangreichen und abwechslungsreichen Programms der im Juli 2012 neu eröffneten Location.

Mambo Beach
Seaquarium Beach, Willemstad
Tel. +5999 4618999
www.mambobeach.com

Hemingway Beach Bar

Die Hemingway Beach Bar zählt mit seinen Open-Air-Veranstaltungen und dem einzigartigen Ambiente zu einem der beliebtesten Treffpunkte der Insel. Jeden Mittwoch, Freitag und Sonntag gibt es von 17:30 Uhr bis 18:30 Uhr die für Curaçao typische Happy Hour. Genießen Sie jeden Freitag den Sonnenuntergang und lauschen Sie der Liveband, welche am Strand der Hemingway Beach Bar eine ausgelassene Stimmung schafft.

Lions Dive & Beach Resort
Tel. +5999 4650740
www.hemingwaycuracao.com

Cabana Beach

Der Cabana Beach bietet alles für einen wunderschönen Tagesausklang. Hier herrscht ein fließender Übergang zwischen Sonnenbaden am Strand, der Happy Hour, einem tollen Abendessen und der ausgelassenen Partystimmung bei Live Music und DJs.

Seaquarium Beach
Tel. +5999 4651589
www.cabanabeachcuracao.com

Zanzibar

Die Zanzibar befindet sich in dem touristisch geprägten Areal rund um den Jan Thiel Beach. Das Ambiente sowie die angebotenen Speisen stehen in der Zanzibar ganz im Zeichen des „schwarzen Kontinents". Bevor Sie sich am Wochenende in das Nachtleben stürzen, bietet Ihnen die Zanzibar jeden Samstag ab 17 Uhr mit der Happy Hour und Livemusik den perfekten Start in den Abend.

Jan Thiel Beach Curaçao
Tel. +5999 7470633
www.facebook.com/zanzibarcuracao

Wet & Wild Beach Club

Jeden Sonntag finden hier von 18-19 Uhr und von 21-22 Uhr die wohl beliebtesten Happy Hours der Insel statt. Jetzt beginnt eine der besten Beachpartys auf Curaçao. Ganz nach dem Motto „Lets get the Party started" wird bis in die frühen Morgenstunden ausgelassen gefeiert.

Wet & Wild Beach Club
Seaquarium Beach
Tel. +5999 561247
www.facebook.com/wetandwildbeachclub

Club Spoonz

Der angesagte Club trat in die Fußstapfen des ehemaligen Club Façade und ist somit einer der neusten seiner Art auf Curaçao. Auf mehreren Tanzfloors feiern hier besonders die Einheimischen zu R&B, Latin, Hip-Hop und House Music.

Club Spoonz
Lindberghweg 32, Willemstad
Tel. +5999 5132841
www.facebook.com/spoonzcuracao

Kasinos und Kinos

Wer sein Glück ein wenig auf die Probe stellen und etwas Las Vegas Feeling erleben möchte, sollte sich einen gemütlichen Abend in einem der Kasinos der Insel machen. Obwohl es nicht an die glamourösen Kasinos von Las Vegas heranreicht, ist das Ambiente nicht minder schick und elegant. Dies sollten Sie auch bei Ihrer Mode beachten. Es ist auf Curaçao zwar alles etwas legerer und lockerer als in den großen Spielermetropolen, auf eine gepflegte Erscheinung und entsprechend dezentere Kleidung sollte dennoch geachtet werden.

Das gilt für Herren ebenso wie für die Damen.

Mit langen Hosen und geschlossenen Schuhen sind die Herren ebenso auf der sicheren Seite wie die Frauen mit einem dezenten Cocktailkleid oder Kostüm. Das größte und prunkvollste Kasino befindet sich in Otrabanda, im Renaissance Hotels, in unmittelbarer Nähe zum Rif Fort. Das hier befindliche Carnaval Casino bestitcht durch seine farbenprächtige Innenausstattung, ganz im Zeichen des Karnevals. Von zehn bis vier Uhr am Morgen lässt sich an klassischen Kasino-Automaten sowie an Blackjack- und Roulettetischen viel Geld gewinnen aber auch verlieren.

Carnaval Casino
Baden Powelweg 1
Tel. +5999 4355089
www.facebook.com/carnavalcasinocuracao

Mit dem The Movies Curaçao im historischen Stadtteil von Scharloo und dem The Cinemas Curaçao im Renaissance Hotel Otrabanda, befinden sich gleich zwei großartige Kinos im Stadtzentrum von Willemstad. Die Preise liegen je nach Spielzeit zwischen 11,50 NAF und 20,00 NAF.

The Movies Curaçao
Mo-Fr: ab 16 Uhr, Wochenende ab 12 Uhr
Plaza Mundo Merced
Tel. +5999 4355180
www.themoviescuracao.com

The Cinemas Curaçao
Mo-Fr: ab 16 Uhr, Wochenende ab 12 Uhr
Baden Powelweg 1
Tel. +5999 4355170
www.thecinemascuracao.com

Aktivurlaub und Sport

Wassersport

Windsurfen

Das kristallklare Wasser, die beständige Brise und der weiße Sandstrand ziehen mittlerweile Surfer aus der ganzen Welt nach Curaçao. Die beliebteste Lage für Windsurfer auf Curaçao ist der Windsurfing Curaçao Beach im Südosten von Spanish Water. Der wunderschöne Sandstrand und die geschützte Lage machen die ersten Versuche für Anfänger und Kinder sicherer und einfacher als anderorts. Die Bucht hat sich in den letzten Jahren zu einem angesehenen Treffpunkt für Einheimische und Touristen entwickelt. Wenn Sie keinen Surfunterricht nehmen möchten, können Sie diesen wunderbaren Ort nutzen, um das rege Treiben auf dem Wasser zu beobachten und am Strand zu entspannen.

Windsurfing Curaçao
Tägl. 10-18 Uhr
Unterricht: 49-63 US$ pro Person
Leihservice ab 20 US$ pro Stunde

Kontakt
Caracasbaaiweg, Spanish Water
Tel. +5999 7380883
www.windsurfingcuracao.com

SUP Curaçao

SUP steht für „Stand-Up-Paddling", einer Mischung aus Paddeln und Surfen. Im Gegensatz zum herkömmlichen Surfen ist das SUP sehr schnell zu erlernen, erfordert aber ebenso volle Konzentration und Körpereinsatz. So können Sie bereits nach einer kurzen Lernphase an den einzelnen Touren teilnehmen oder auf eigene Faust lospaddeln. Besonders beliebt sind hierfür Spanish Water und

ruhige Buchten wie Seaquarium Beach und Cas Abou. Durchqueren Sie zunächst die faszinierenden Mangroven mit ihrer einzigartigen Vogelvielfalt. Anschließend paddeln Sie, mit dem Wind im Rücken, hinaus auf das Spanish Water, vorbei an den luxuriösen Villen, Segelschiffen und Yachten. Für Fortgeschrittene bietet „Windsurfing Curaçao" die sportlich anspruchsvolle Beach Hopping Tour an. Vom Caracasbaai aus bewegen Sie sich in Richtung Westen, vorbei am Jan Thiel Beach bis hin zum Seaquarium Beach.

Unter der Aufsicht von erfahrenen Fitnesstrainern sind die wöchentlich stattfindenden Fitness- und Yogakurse ein absolutes Highlight für alle Sportliebhaber. Angeboten werden die unterschiedlichen Touren sowie die Verleihmöglichkeiten von einigen Tourenanbietern rund um Spanish Water.

Wer sich das Stand-Up-Paddeln nicht zutraut, sich aber gern sportlich auf dem Wasser fortbewegen möchte, dem empfiehlt sich eine der vielen geführten Kajaktouren.

Windsurfing Curaçao - Curaçao SUP
Täglich von 10-17:30 Uhr

Kontakt
Caracasbaaiweg, Spanish Water
Tel. +5999 7380883
www.windsurfingcuracao.com
www.supcuracao.com

Kitesurfen

Die Szenesportart Kitesurfen oder Kiteboarding ist die Kombination aus Windsurfen, Paragliding und Turnelementen. Kitesurfer nutzen die Kraft des Windes, um sich mit Hilfe eines steuerbaren Drachens auf dem Wasser vorwärts zu bewegen. Je nach Windstärke sind sehr hohe Geschwindigkeiten und sehr hohe Sprünge möglich. Die St. Joris Bay am Stadtrand von Willemstad gilt für Profis als wahres Paradies zum Kitesurfen. Von der Aloe Vera Plantage und der Straußenfarm aus erreichen Sie die Bucht nach etwa 500 Metern. Bereits von weitem erkennen Sie die vielen bunten Drachen am karibischen Himmel. Es scheint auf den ersten Blick so als würden sie die Sportler wie Marionetten durch das Wasser ziehen.

Ob Anfänger, Fortgeschrittene oder Profis, der Zuspruch durch die Zuschauer ist enorm. Vor allem bei den Touristen stellt die wunderschöne Kulisse mit der beeindruckenden Landschaft ein tolles Fotomotiv dar. Ein weiterer Hotspot zum Kitesurfen ist die Südküste von Klein Curaçao.

Curaçao Kiteboarding
Mo-Fr: 9-17 Uhr, Samstag: 9-15 Uhr
Kitesurf-Unterricht ab 100 US$ p.P. (3h)

Kontakt
Sint Jorisbaai
Tel. +5999 5111094
www.curacaokiteboarding.com
www.nixkitecuracao.com

Bootsausflüge

Die Auswahl an Bootsaflügen auf Curaçao ist sehr vielseitig. Das Angebot reicht von romantischen Sonnenuntergangsfahrten, ganztägigen Ausflügen auf der Karibischen See bis hin zum Hochseeangeln. Egal ob auf einem Segelschiff, einer Motoryacht oder einem Katamaran, die verschiedenen Anbieter bieten für jede Zielgruppe genau das Richtige an und machen den Urlaub auf der Insel

noch abwechslungsreicher und eindrucksvoller. Besonders beliebt ist ein Ganztagesausflug nach Klein Curaçao. Die Insel vor der Küste von Curaçao lockt mit seinen beeindruckenden weißen Sandstränden und den vielen Schnorchel- und Tauchmöglichkeiten viele Touristen an. Weniger touristisch geht es auf einem gemütlichen Segelturn auf dem Karibischen Meer zu. Wer einen Segelschein sein Eigen nennen kann, hat die Möglichkeit sich ein Boot zu leihen und die Gewässer selbst zu erkunden.

Für Segelbegeisterte Inselbesucher bieten einige Unternehmen Ausflüge auf kleineren und größeren Segelbooten, teils mit Verpflegung und Schnorchelstops, an. Besonders beeindruckend ist eine Fahrt auf der Insulinde, einem 120 Meter langen Segelschiff aus dem Jahre 1931. Ein weiterer schöner Ausflug, um den Tag gemütlich ausklingen zu lassen, ist das Sunset Sail. Von einem Katamaran aus können Sie den wunderschönen Blick auf die malerische Küste der Insel genießen. Fingerfood und Getränke sind auf der zweistündigen Fahrt im Preis inbegriffen. Noch mehr Abwechslung als die Bootsausflüge bieten Hochsee-Angelausflüge.

Adrenaline Tours
Schnorchelausflüge, Jetski- und Kajak-Touren, Angelausflüge, Ganztagesausflüge nach Klein Curaçao, Verleih von Kajak und Jet Ski.

Caracasbaai Road
Tel. +5999 7676241
www.adrenalinetourscuracao.com

Bounty Adventures Curaçao
Tiefseefischen, Schnorchelausflüge, Klein Curaçao, Sunset Touren.
Abholung vom Hotel (9 US$ pro Person)

Jan Thiel Beach
Tel. +5999 7679998
www.bountyadventures.com

Insulinde Sailing Ship

Das im Jahr 1931 erbaute Schiff wurde 1987 aufwendig restauriert und bietet Platz für 30 bis 80 Passagiere. Sunset Tour: Di 15:30-19:30 Uhr, Erw. 65 US$, erm. 35 US$ Schnorchelausflug: Mi+So 11-17 Uhr, Erw. 79 US$, erm. 40 US$

Handelskade
Tel. +5999 5601340
www.insulinde.com

Captain Boots Curaçao

Sonnenuntergangsfahrt, Halb- und Ganztagesausflüge, Schnorchelausflüge, Hochseeangeln, Fliegenfischen.

Brakkeput Ariba 62
Spanish Water
Tel. +5999 5132747
www.captainboots.com

Mermaid Boat Trips

Mermaid ist einer der beliebtesten Anbieter für einen Ausflug nach Klein Curaçao.

Caracasbaaiweg, Spanish Water
Tel. +5999 5601530
www.mermaidboattrips.com

Miss Ann Boat Trips

Kajaktouren, Schnorchel- und Tauchausflüge, Hochseeangeln, Bootsverleih, Ausflug nach Klein Curaçao.

232A Jan Sofat
Tel. +5999 7671579
www.missannboattrips.com

Mountainbiking

Curaçao verfügt über eine Vielzahl an wunderschönen Mountainbike-Routen. Wenn Sie die eindrucksvolle Naturvielfalt der Insel hautnah erleben möchten, sollten Sie das Auto stehen lassen und sich abseits der Straßen fortbewegen. Mittlerweile gibt es auf Curaçao mehr als ein Dutzend Anbieter für den Fahrradverleih und Tourenservice. Zu den bekanntesten Veranstaltern gehört Wannabike. Um die große Mittagshitze zu meiden, starten die Touren üblicherweise am Vormittag oder am Nachmittag. Zu den beliebtesten Regionen für eine Fahrradtour gehören der Christoffelpark, Jan Thiel, Boca St. Michiel, Porto Mari, Boca Sami und Watamula. Das etwa 4.500 Hektar große Naturparadies des Christoffelparks bietet eine Vielzahl an Möglichkeiten zum Mountainbiking. Falls Sie sich für die Route in den Norden der Insel entscheiden, sollten Sie oberhalb der Boka Grandi eine Pause einlegen und den wunderschönen Blick auf die unberührte Nordküste der Insel genießen. Wenn Sie mit dem Rad oder zu Fuß unterwegs sind bietet sich Ihnen eine weitaus größere Gelegenheit eine der vielen Wildtiere, darunter auch die scheuen Weißwedelhirsche, zu beobachten. Entdecken Sie außerdem viele farbenfrohe Sittiche, Papageien, Leguane, Eidechsen und Kolibris. Im Eingangsbereich zum Christoffelpark können Sie sich Mountainbikes für Ihre individuelle Route ausleihen (ca. 20 NAF/Tag) oder an einer der geführten Touren teilnehmen.

Zu den drei beliebtesten Mountainbike-Strecken der Insel gehört die etwa 16 Kilometer lange und frühere Weltmeisterstrecke in Jan Thiel. Die Route beginnt am Lions Dive Resort und führt Sie zunächst in Richtung des Chogogo Resorts in Jan Thiel. Von hier aus verläuft die Tour entlang der Jan Thiel Lagune, einer wunderschönen Landschaft mit einer faszinierenden, exotischen Vogelvielfalt. Nach einigen Minuten erreichen Sie das ehemalige Landhaus Jan Thiel. Das im Jahr 1796 erbaute Herrenhaus wurde in den letzten Jahren komplett restauriert. Die Plantage mit dem Anwesen befindet sich in Privatbesitz und ist derzeit nicht für die Öffentlichkeit zugänglich.

Ein weiterer Höhepunkt der Rundfahrt ist das Fort Beekenburg. Genießen Sie das beeindruckende Panorama und den tollen Rundumblick oberhalb des Caracasbaai und des Spanish Water.

Wenn Sie die unberührte Natur und authentische Kultur der Insel Curaçao erleben möchten, ist die etwa acht Quadratkilometer große Plantage von Porto Mari der ideale Ort für Wander- und Radtouren. Die verschiedenen, bis zu 13 Kilometer langen, Strecken führen Sie durch die leicht hügelige Landschaft mit wunderschönen Aussichtspunkten.

Von der Ruine des ehemaligen Landhauses aus, haben Sie einen unglaublichen Panoramablick und die Möglichkeit der Vogelbeobachtung. Während der gesamten Tour können Sie eine Vielzahl an Tierarten wie Flamingos, Reiher, Schlangen und sogar Wildschweine entdecken.

Die Watamula Route befindet sich im Norden der Insel Curaçao. Der erste Abschnitt der Strecke führt Sie zunächst über einen Feldweg vom Playa Kalki in Richtung der Kurá Hulanda Lodge. Wenn Sie die Hotelanlage passiert haben, setzt sich die Route in Richtung Norden fort, ehe Sie auf einem Hügel eine kleine Windmühle erkennen können.

Der Anstieg hinauf auf den Hügel wird mit einer wunderschönen Aussicht auf die unberührte Nordküste und den Christoffelpark belohnt.

Nachdem Sie die Anhöhe wieder hinabgefahren oder gelaufen sind, führt Sie die unbefestigte Straße weiter nach Watamula. Denken Sie bei Ihren Ausflügen immer an Sonnenschutzmittel und ausreichend zu trinken.

Wannabike
Caracasbaaiweg 340
Tel. +5999 5273720
www.wannabike.com

Chris Cross Curaçao
Caracasbaaiweg 35
Tel. +5999 6781992
www.crisscrosscuracao.com

Wandern auf Curaçao

Die beeindruckende Landschaft mit ihrer großen Naturvielfalt und den faszinierenden geologischen Strukturen lädt viele Touristen zum Wandern ein. Viele Wandermöglichkeiten sind bequem mit dem Auto zu erreichen. Der Anspruch der jeweiligen Touren reicht von gemütlichen Spaziergängen bis hin zu langen und anspruchsvolleren Wanderungen.

Besonders eindrucksvoll und naturnah sind die Routen im Christoffel Nationalpark sowie jene entlang der rauen Nordostküste des Shete Boka Nationalparks. Die anspruchsvollste aber auch faszinierendste Wandertour im Christoffel Nationalpark ist der Aufstieg hinauf auf den 375 Meter hohen Berg Christoffel, der höchsten Erhebung der Insel. Die beiden markierten Routen im Shete Boka Nationalpark führen Sie vorbei an einer unterirdischen Höhle, einer natürlichen Brücke aus Kalkstein und faszinierenden Buchten. Um Verletzungen vorzubeugen empfiehlt sich, auch aufgrund des unebenen Terrains, das Tragen leichter Wanderschuhe. Die perfekte Kombination aus einer gemütlichen Wanderung und dem anschließenden Sonnenbaden bietet das Areal rund um den Strand Playa Porto Mari. Auf der nur rund drei Kilometer langen Route geht es hinauf auf den Seru Mateo, mit einem atemberaubenden Ausblick auf die Bucht. Egal welche Wanderroute Sie bevorzugen, nehmen Sie diesen möglichst am frühen Vormittag oder am Nachmittag in Angriff, um sich nicht der starken Mittagshitze aussetzen zu müssen. Natürlich sollten Sie auch an

ausreichend Flüssigkeit und Sonnenschutz denken.

Reiten

Reitausflüge sind vor allem bei Familien
mit Kindern beliebt und bieten eine willkommene Abwechslung vom Sightseeing
und Badeurlaub. Auf Curaçao gibt es
mehrere Ranches und Fincas mit einem
sehr abwechslungsreichen Angebot an
Ausrittmöglichkeiten. In der Nähe des
idyllischen Fischerdorfes Sint Michiel
organisiert die Rancho Alegre eine Vielzahl an Touren für Anfänger und Fortgeschrittene. Die Ranch ist umgeben von
Salzseen, den so genannten Saliñas, der
Heimat vieler Flamingos, Ziegen und
Kühen. Etwas südlicher, direkt an der
Piscaderabaai finden Sie die Ashari's
Ranch. Neben Ausritten durch die Mang-
rovenwälder werden ebenso romantische
Touren im Mondschein angeboten. Im
Norden von Willemstad lädt die Finca
Farandula Anfänger und erfahrene Reiter
gleichermaßen zu gemütlichen Ausflügen
ein. An den Wochenenden verwöhnen die
Mitarbeiter des Gehöfts ihre Gäste mit
Speisen vom Grill, einem großen Baran-
gebot und der „Paso fino Colombian
Pferdeshow".

Rancho Alegre
Landhuis Groot Sint Michiel
Tel. + 5999 5147100
www.facebook.com/ranchoalegrecuracao

Société Hippique Curaçao
Jongbloedweg 50, Willemstad
Tel. +5999 7379160
www.manege-shc.com

Finca Farandula
Rondeklip 5, Willemstad
Tel. +5999 7365923

Golf

Das einzigartige Klima, die sanften Passatwinde und die wunderschöne Landschaft machen Curaçao zu einem ganz
besonderen Ort, um Golf zu spielen.
Liebhaber dieses Sports werden im Blue
Bay Golf & Beach Resort, in unmittelbarer
Nähe zum Blue Bay Beach, ein wahres
Golferparadies vorfinden. Der Par 72
Golfplatz mit seinen 18 Löchern beein-
druckt durch seine faszinierende Lage
direkt an der Karibischen See. Das Highlight ist das Hole 5 bei dem sich der Ab-
schlag oberhalb der Bucht befindet und
der Ball über das Meer in Richtung Loch
geschlagen werden muss.
Der Golfplatz ist öffentlich zugänglich und
erfordert keine Mitgliedschaft. In der Golf
Academy können Sie Abschläge trainieren
oder Unterrichtsstunden bei einem
Golflehrer nehmen. Die Kosten für den
gesamten Kurs mit seinen 18 Löchern
betragen je nach Tageszeit zwischen 75
und 110 US-Dollar. Im Anschluss an das
Golftraining lädt Sie der Blue Bay Beach
zum Entspannen und Verweilen ein.

Blue Bay Golf
18 Holes ab 75 US$
Unterricht ab 100 US$ pro Stunde (maxi-
mal 5 Teilnehmer)

Kontakt
Landhuis Blauw
Tel. +5999 8681755
www.golf.bluebay-curacao.com

Tauchparadies Curaçao

Mit ihren eindrucksvollen und abwechslungsreichen Tauchplätzen, vor allem entlang der Westküste sowie im Süden der Insel, zählt Curaçao zu einem der beliebtesten Tauchdomizilen der Karibik. Aufgrund des optimalen und ausgeglichenen Klimas herrschen auf der Insel ganzjährig optimale Tauchbedingungen. Die meisten Buchten abseits der Nord-Westküste liegen nahezu komplett geschützt und erlauben auch Anfängern einen erlebnisreichen Tauchgang ohne hohen Wellengang oder starke Strömungen. Die Mehrzahl der über 100 Tauchplätze befindet sich in unmittelbarer Nähe zur Küste, eine lange Bootsfahrt ist von daher nicht nötig. Der Einstieg unterscheidet sich dabei von der Beschaffenheit der Strände. Während der Zugang an den vielen Sandstränden sehr bequem und einfach von statten geht, sollte bei den Kiesstränden in Erwägung gezogen werden, entsprechendes Schuhwerk, wie z.b. Füßlinge, dabei zu haben. Diese sind besonders bei Zugängen über scharfkantige Felsen unbedingt zu empfehlen. Wer sich nicht ans Tauchen traut oder es ihr bzw. ihm aus gesundheitlichen Gründen nicht möglich ist, muss nicht auf die atemberaubende Unterwasserwelt verzichten. Sichtweiten von bis zu 40 Metern ermöglichen den vielen Schnorchlern eine freie Sicht auf eine enorme Artenvielfalt und dem ein oder anderem alten Wrack. Erkunden Sie während Ihrer Tauchgänge große Riffwände, faszinierende Unterwasserhöhlen und weitläufige Korallenwälder.

Der Artenreichtum der maritimen Welt ist grandios und reicht von Garnelen, Rochen, Barrakudas und Moränen bis hin zu Thunfischen, Schildkröten und Delfinen.

Mehr zur Unterwasserwelt auf Curacao finden Sie unter dem Kapitel Land und Leute.

PADI

PADI steht für „Professional Association of Diving" und ist der weltweit größte Tauchverband mit mehr als 5.300 Tauchbasen und über 135.000 Mitgliedern in 183 Ländern der Erde. Für einen Tauchkurs oder Tauchgang sollten Sie stets darauf achten, dass der entsprechende Anbieter Mitglied dieser Vereinigung ist und alle Tauchgänge durch zertifizierte Tauchlehrer durchgeführt werden. PADI begrenzt die Teilnehmerzahlen für Tauchlehrgänge auf maximal acht und für geführte Tauchgänge auf maximal 14 Teilnehmer.

Playa Kalki -
Alice in Wonderland

Der Tauchplatz befindet sich in Westpunt, im Nordwesten der Insel, direkt unterhalb der Kura Hulanda Lodge. Den Namen verdankt der Strand den angrenzenden Kalksteinformationen. In dem vor Ort befindlichen Tauchcenter Go West Diving können Sie Tauchkurse buchen sowie Ausrüstung ausleihen.

Das meist ruhige Wasser und die geringe Strömung machen den Playa Kalki zu einem idealen Standort für Tauchanfänger und Schnorchler. Der Einstieg erfolgt wahlweise, gegen eine kleine Gebühr, über den Steg der Tauchbasis oder kostenfrei bequem vom Strand aus. Unweit vom Strand entfernt erreichen Sie nach wenigen Metern die bei einer Tiefe von etwa fünf Metern beginnende, bis auf 30 Meter abfallende Korallenwand. Das parallel zum Strand verlaufende Riff und das im Wasser befindliche Seil machen die Orientierung auch für Anfänger einfach. Bei einer durchschnittlichen Sichtweite von etwa 30 Metern können Sie die farbenfrohe Unterwasserwelt wunderbar erkunden. Viele kleinere Fische, Muränen und Hummer können hier genauso entdeckt werden, wie mit ein wenig Glück auch Wasserschildkröten.

Die vielen pilzartigen Korallenformationen, mit der Tellerkoralle als Hauptvertreter, machen den Tauchspot von Playa Kalki zu einem der populärsten und sehenswertesten der Insel Curaçao.

Grote Knip

Etwas südlich des Playa Kalki, in Westpunt, befindet sich mit dem Grote Knip einer der beliebtesten Strände und ein weiterer einfach zugänglicher Tauchplatz.

Dank der geringen Strömung und dem sanften Wellengang eignet sich dieser Tauchgrund hervorragend für Tauchanfänger und Schnorchler. Vom Parkplatz aus führen Sie einige Stufen hinunter an den traumhaft weißen Sandstrand und die malerische Bucht. Die unter der Woche recht ruhige Bucht ist an den Wochenenden und Feiertagen schnell gefüllt. Vor allem Einheimische nutzen die freien Tage, um sich mit der Familie zu erholen und veranstalten reichhaltige Barbecues. Vom Strand aus erreichen Sie nach etwa zehn Minuten Schwimmen das mit Bojen markierte Riff. Korallenbänke sind hier ebenso zu bewundern wie eine belebte Tierwelt mit Papageienfischen, Muränen, Tintenfischen, Barrakudas und im flacheren Wasser mit etwas Glück auch Schildkröten. Die Sichtweite in dem kristallklaren Wasser beträgt circa 30 bis 40 Meter.

Kleine Knip

Der Kleine Knip, auch Playa Kenepa genannt, ist der kleine Bruder vom Grote Knip und nicht nur ein Geheimtipp für Sonnenanbeter. Der idyllisch gelegene Strand ist eines der Highlights für Taucher und Schnorchler. Unter der Woche besticht der Strand durch seine ruhige und beschauliche Szenerie, wogegen er an den Wochenenden von vielen Einheimischen besucht wird. Vom nahe gelegenen Parkplatz aus gelangen Sie nach wenigen Metern an den wunderschönen, mit einigen Holzbänken und Schirmen versehenen Strand. Das ruhige Wasser und die geringe Strömung sind beste Voraussetzungen zum Schnorcheln und Tauchen.

Nach etwa zehn Minuten Schwimmen gelangen Sie zu dem, bei etwa 12 Metern Tiefe beginnenden und bis auf 40 Meter abfallenden, Riff. Bereits auf dem Weg zu dem Tauchspot lassen sich Rochen sowie viele bunte Fische entdecken. Entlang des Riffs, inmitten einer faszinierenden Korallenlandschaft, tummeln sich Papageienfische, Muränen und Meerbarben.

Playa Lagun

Die kleine Bucht von Lagun befindet sich im Westen von Curaçao. In dem ortsansässig Tauchcenter Discover Diving können Sie verschiedene Tauchgänge buchen und Ausrüstung ausleihen. Das ruhige Wasser und die Felslandschaft beidseits der Bucht eignen sich hervorragend zum Schnorcheln und Erkunden. Die Riffkante erreicht man nach etwa zehn Minuten und beginnt bei einer Tiefe von etwa neun Metern. Entlang des Riffs lassen sich mit etwas Glück Seeanemonen, Korallen, Muränen, Wasserschildkröten und Oktopusse beobachten. Erfahrene Taucher sollten sich an der linken Klippe orientieren. Hier befinden sich mehrere Höhlen die sicher erforscht werden können. Im Anschluss an den Tauchgang können Sie sich in dem hier befindlichen Restaurant stärken.

Airplane Wreck

Von Soto fahren Sie in Richtung Santa Marthabaai bis Sie den Strand des Sunset Waters Beach Resort erreichen. An diesem idyllisch gelegenen Strand befinden sich gleich zwei Tauch-Highlights. Unweit vom Strand entfernt liegt auf etwa vier Metern Tiefe das Wrack der alten Cessna. Obwohl nur noch das Fahrgestell vorhanden ist, ist dieses Wrack ein sehr empfehlenswerter Tauchspot. Hat man das Wrack passiert, erreicht man wenig später das auf sechs Metern Tiefe beginnende Riff. Hier können Sie eine Vielzahl an Muränen, Aale, Schwämme und verschiedenen Korallenarten entdecken.

Cas Abou

Cas Abou gehört nicht nur zu den schönsten Stränden der Insel Curaçao, er ist ebenso eine hervorragende Location für Schnorchler und Taucher jeden Niveaus. Nachdem Sie die Parkgebühr (10 NAF pro Auto, Sonntag 12,5 NAF) an dem Pförtnerhaus entrichtet und den großen Parkplatz erreicht haben, gelangen Sie nach wenigen Metern an den weißen Sandstrand mit seinem kristallklaren Wasser. Genießen Sie das einmalige Ambiente von Cas Abou und entspannen Sie sich zwischen den Tauch- und Schnorchelgängen unter den schattenspendenden Palmendächern. Eine Strömung ist an diesem wunderbaren Ort kaum vorhanden, alles wirkt malerisch und ruhig. Nach nur fünf Minuten Schwimmen erreichen Sie, auf einer Tiefe von sieben Metern, das Riff von Cas Abou. Die bis auf 40 Meter in die Tiefe reichende Riffwand ist Lebensraum für eine Vielzahl an bunten Fischen, Korallenarten, Krabben und Schwämmen.

Vaersenbaai / Kokomo Beach - Car Wrecks

Von Willemstad aus fahren Sie in Richtung Bullenbai bis zum „Kokomo Beach". Nach einem Hurrikan wurde das Areal komplett restauriert und im Jahr 2011 wieder zugänglich gemacht. Das ehemalige Restaurant wurde komplett erneuert und um einen Lounge-Bereich erweitert. Obwohl der Name Vaersenbaai mittlerweile in Kokomo Beach geändert wurde, trägt der Strand bis heute beide Bezeichnungen.

Der Tauchspot bietet mehrere Optionen für Schnorchler und Taucher. Besonders beliebt sind die, etwas vom Strand entfernten, Autowracks in einer Tiefe von etwa 18 bis 35 Metern. Für Taucher mit weniger Erfahrung ist ein Tauchgang entlang des hauseigenen Riffs zu bevorzugen. Ein Seil, welches sich in der Mitte der Bucht befindet, dient zur optimalen Orientierung des bis auf 40 Meter abfallenden Riffs. Die farbenprächtige Unterwasserwelt bringt eine Vielzahl an bunten Fischen und verschiedenen Korallenarten zum Vorschein. Wer etwas Besonderes ertauchen möchte, sollte sich auf keinen Fall die Auto Wracks entgehen lassen. Vom Strand aus hält man sich beim Schnorcheln bzw. beim Schwimmen links. Die 10 bis 15 Minuten sind aufgrund der Gegenströmung nur für Fortgeschrittene zu empfehlen. Die gut erhaltenen Auto Wracks können in einer Tiefe von etwa 18 bis 35 Metern entdeckt werden.

Jan Thiel Beach

Das hier ansässige Tauchcenter Scuba Do Diving (*www.divecenterscubado.com*) zählt zu den renommiertesten seiner Art auf der Insel. Neben Anfängerkursen werden eine Vielzahl an Ausflügen zu den beliebtesten Tauchgründen der Insel angeboten. Im Jahr 2007 wurde Scuba Do zu der besten Tauchschule der Insel gekürt. Vor allem für Tauchanfänger und für Schnorchler bietet die Bucht um Jan Thiel ein leicht zu erkundendes maritimes Erlebnis. Das Wasser in der von Klippen umschlossenen Bucht ist die meiste Zeit sehr ruhig und die Strömung ist als sehr gering einzustufen. Nach zirka zehn Minuten Schwimmen erreichen Sie das Hausriff. Orientieren Sie sich an einer Tiefe von etwa 15 bis 20 Metern. Hier gibt es eine Vielzahl an Korallen,

Flötenfischen und Igelfischen zu bestaunen.

Tugboat

Das vor etwa 30 Jahren gesunkene Boot liegt an der geschützten Südostseite der Caracasbaai und lockt unzählige Taucher und Schnorchler an. Besonders die meist geringe Strömung und der kaum vorhandene Wellengang machen das Tauchen auch für Anfänger möglich.

Vom Caracasbaai kommend, passieren Sie Fort Beekenburg und erreichen nach weiteren fünf Fahrminuten die kleine Bucht mit dem gekennzeichneten Tauchplatz „Tugboat". Die geringe Entfernung von nur etwa 50 Metern zur Küste und eine Tiefe von nur fünf Metern, machen es vor allem für Schnorchler zu einem beliebten Ausflugsziel. Die drei großen Pfeiler im Wasser dienen als perfekte Orientierung. Direkt dahinter befindet sich der kleine Schlepper, umgeben von einer farbenprächtigen Unterwasserwelt. Seepferdchen, Garnelen und viele kleine Fische bieten abwechslungsreiche Motive für Nahaufnahmen. Für Taucher lohnt sich die, nur wenige Meter vom Schlepper entfernte, 40 Meter tiefe Riffwand.

Superior Producer

Der Tauchgrund Superior Producer befindet sich direkt neben dem Megapier in Otrabanda. Die im Jahr 1977, unmittelbar nach der Hafenausfahrt gekenterte „Superior Producer", zählt zu einem der besterhaltensten Wracks und beliebtesten Tauchspots der Karibik. Ein kundiger Guide ist für den Tauchgang ebenso notwendig wie die persönliche Eignung und Erfahrung. Ein oft starker Wellengang, in Kombination mit einer unberechenbaren Strömung, macht den Tauchgang für Anfänger unmöglich. Selbiges Verbot gilt auch in dem Fall, dass sich Kreuzfahrtschiffe oder Schiffe der Marine in dem Hafen befinden.

Das Wrack des Frachters liegt in etwa 32 Metern Tiefe waagerecht auf dem Meeresboden. Zu der Brücke des etwa 70 Meter langen Schiffes gelangen Sie bereits in einer Tiefe von 20 Metern. Nach dem Einstieg in das Wasser erreichen Sie auf etwa vier Metern Tiefe die Riffkante. Von hier aus geht es auf etwa 20 Meter hinab. Nach wenigen Minuten können Sie dann, je nach Sicht, das imposante Wrack der Superior Producer erkennen. Von Korallen und Schwämmen umgeben, bietet der Frachter ein einzigartiges Taucherlebnis und ein wunderschönes Motiv für Weitwinkelaufnahmen. Oft können neben den vielen kleinen Fischen auch Barrakudas, Makrelen und Tintenfische beobachtet werden.

Die Laderäume und die Brücke der Superior Producer sind nach ihrer vollständigen Erschließung mittlerweile sicher zu erkunden. Achten Sie auf scharfkantige, rostige Gegenstände und bewahren Sie stets Kontakt zu Ihrem Guide und den anderen Tauchern Ihrer Gruppe.

Mushroom Forest & Blue Room

Der Mushroom Forest ist eines der Tauch-Highlights auf Curaçao und gehört zu den Top Ten Tauchplätzen der Karibik. Von der Boka Santa Cruz aus geht es samt Ausrüstung per Wassertaxi (ca. 20 US-Dollar pro Person) in Richtung Süden. Von den beiden Buchten Playa Lagun und Playa Kalki werden ebenfalls Ausflüge zum Mushroom Forst angeboten; die Tour des Captain Goodlife in Santa Cruz ist jedoch ein besonderes Erlebnis. Seinen Namen verdankt der Mushroom Fo-

rest den unzähligen pilzartig aussehenden Korallen, die sich in Küstennähe auf einem weitläufigen Unterwasserplateau erstrecken. Mit einem Durchmesser von bis zu drei Metern dienen die Korallen als ideales Versteck für viele kleine und mittelgroße Fische. Die Tiervielfalt ist wahrlich beeindruckend; Kofferfische, Rochen sowie Igelfische sind ebenso vertreten wie Schildkröten und Hummer. Bei einer Sichtweite von bis zu 25 Metern lassen sich wunderschöne Weitwinkelaufnahmen erzielen. Der Tauchgang zum Mushroom Forest wird oft in Verbindung mit dem so genannten Blue Room, auch Blaauwe Kamer genannt, angeboten. Die Höhle befindet sich in unmittelbarer Nähe zu dem „Korallenwald" und eignet sich für Taucher und Schnorchler gleichermaßen. In dem kristallklaren, blau strahlenden Wasser finden sich hunderte Fische zu großen Schwärmen zusammen und erzeugen faszinierende Formationen. Mit ein wenig Glück lassen sich schlafende Ammenhaie beobachten.

Klein Curaçao

Die kleine, unbewohnte Insel Klein Curaçao ist mit ihren wunderschönen Sandstränden nicht nur ein Paradies für Sonnenanbeter. Vor allem Taucher und Schnorchler kommen auf diesem wunderschönen Eiland ins Schwärmen. An der nordöstlichen und nordwestlichen Küste befinden sich zwei Tauchgründe mit einer teils starken Strömung. Für Taucher mit viel Erfahrung bietet sich bei einer Sicht von etwa 40 Metern eine unvergessliche Unterwasserwelt.

Die Riffwand an der Nordostseite von Klein Curaçao gehört zu den schönsten der Karibik und ist bequem mit einem kleinen Boot erreichbar. Entlang des Riffs geht es vorbei an einer farbenfrohen

Unterwasserwelt mit vielen Fisch- und Korallenarten. Die strömungsarme Südostseite der Insel eignet sich besonders für Anfänger und Taucher mit wenig Erfahrung. Ein wahres Abenteuer verspricht das Höhlentauchen an der Nordwestküste von Klein Curaçao. Für die Erkundung der in einer Tiefe von rund 30 Metern befindlichen Höhle sollten Sie unbedingt einen Guide in Anspruch nehmen, um sich richtig orientieren zu können.

Sprachführer

Wochentage

Montag	dia una
Dienstag	diamars
Mittwoch	diarason
Donnerstag	diaweps
Freitag	duabièrne
Samstag	diasabra
Sonntag	diadomingu

Orientierung

rechts	drechi
links	robes
gegenüber	enfrente
hinter	patras
hier	aki
dort	ei
oben	ariba
unten	abou

Zahlen

0	zero, nada
1	unu
2	dos
3	tres
4	kuater
5	cinku
6	seis
7	shete
8	ocho
9	nuebe
10	dies
100	shen

Begrüßungen

Willkommen	Bon bini
Guten Morgen	Bon dia
Guten Tag	Bon tardi
Guten Abend	Bon nochi
Tschüss	Ayo

Fragewörter

Was?	Kí?
Wo?	Unda?
Wann?	Kuando?
Wer?	Kén?
Wie?	Con?
Wie viel?	Kuanto?

Wichtige Übersetzungen

Vielen Dank	Marsha danki
Dankeschön	Danki
Bitte	Por fabor
Bitteschön	Di nada
Entschuldigung	Despensa me
Was ist das?	Kiko esaki ta?
Wie heißt du?	Con ta bo nomber?
Mein Name ist...	Mi nomber ta...
Wie geht es dir?	Bon ta bay?
Mir geht es gut	Mi ta bon
Wo ist das Hotel?	Unda e hotél ta?
Wo ist der Strand?	Unda e playa ta?
Wie spät ist es?	Kuanto tin?
Ich verstehe nicht!	Mi not a kompronde!
Sprechen Sie Englisch	Bo por papia Ingles?
Ich habe Hunger	Mi tin hamber
Ich habe Durst	Mi tin set
Ich bin krank	Mi ta malu
Was kostet das?	Kuanto e ta costa?
Wie viel kostet ein Taxi?	Kuanto pa taxi?
Wie komme ich nach...?	Con mit a jega?
Wo fährt der Bus?	Unda e bus ta bai?
Meine Telefonnummer...	Mi number di telefon...
ein Kuss	Un sunchi
eine Umarmung	Un braza
mein Schatz	Mi dushi

Register

Notizen